浙江省社科联社科普及课题成果

易错字的前世今生

黄春慧 / 著

中国纺织出版社

图书在版编目（CIP）数据

易错字的前世今生 / 黄春慧著 .—北京：中国纺织出版社，2018.5

ISBN 978-7-5180-3618-9

Ⅰ . ①易…　Ⅱ . ①黄…　Ⅲ . ①汉字—错别字—研究　Ⅳ . ① H124.1

中国版本图书馆 CIP 数据核字（2017）第 112254 号

易错字的前世今生

策划编辑：樊雅莉　　　　责任印刷：王艳丽

中国纺织出版社出版发行

地址：北京市朝阳区百子湾东里 A407 号楼　邮政编码：100124

销售电话：010-67004422　传真：010-87155801

http：//www.c-textilep.com

E-mail：faxing@c-textilep.com

中国纺织出版社天猫旗舰店

官方微博 http：//weibo.com/2119887771

虎彩印艺股份有限公司印刷　各地新华书店经销

2018 年 5 月第 1 版第 1 次印刷

开本：880×1230　1/32　印张：6.375

字数：200 千字　定价：36.00 元

凡购本书，如有倒页、脱页、缺页，由本社图书营销中心调换

前言

本课题灵感主要来自于课堂教学，本人在教授《汉字文化》与《应用文写作》的过程中，深深地体会到汉字所蕴含的深厚文化对于辨析易错字词可起到神奇的作用。写错字、用错词大多数情况是因为不了解字源、词源，不了解字词的演变历史以及字词背后的文化信息。汉字记录语言的同时也记录文化，每一个词，为什么用此字，不用彼字，都是有根源可循的。如果从词源字源的角度、从汉字历史文化的角度去阐释易错字，一定比单纯从字义来辨析来得深刻，来得形象。

为了让读者多方面较系统地了解汉字文化，本课题在进行易错字溯源分析的同时，也涉及汉字的起源，汉字的发展、变革历程，将学习生活中常出现的易错字放在汉字历史的发展历程中进行认识。

另外，本课题所提及“易错字”，只涉及别字，这是考虑到在当今计算机录入文字的大背景下，错字越来越少，别字越来越多。汉字使用面临的一个很现实的问题就是同音字词如何选择。特别是现在的键盘输入法都具有很强的记忆功能，在记忆正确信息的同时也积累了越来越多的错误，打字时一个词会同时出现多个写法，这就需要使用者利用语言文字知识，做出正确的选择。

汉字不仅仅承载历史文化信息，更重要的是“活在当下”。信息数字化时代，错别字现象出现了一些新的特征与表现形式。本课题立足于当下的语境，以现代公共场所、媒体网络、报刊杂志中出现的形形色色的错别字，为举证要例，进一步剖析错别字在现代语境中产生的深层原因，以帮助大众正确使用汉字，更好地传承祖先留给我们的最宝贵的文化遗产。

本书在编写过程中，得到了各方面的大力支持，在此深表谢意。由于本人水平所限，疏漏与欠妥之处在所难免，敬请有关专家、学者和广大读者给予批评指正。

黄春慧

2017 年 3 月 2 日

目录

第一章　以形表意，追本溯源：易错字的“前世” 1
一、汉字的起源 1
二、汉字与六书 9
三、汉字的形体演变 27
四、汉字易错原因分析 39

第二章　承传繁衍　发展变革：易错字的“今生” 45
一、现流通文字 46
二、汉字的时代特征 50
三、键盘输入时代汉字使用现状 52
四、网络错别字类型分析 56

第三章　知其然，知其所以然：现代语境中常见易错字辨析 63
一、偏旁部首探源篇 63

1.“脍炙”为何指美味——月字旁与肉字旁 63
2. 两点 · 三点 · 四点——冫氵灬溯源 65
3.“阴阳”为何是耳刀旁——左右耳刀不同源 68
4. 双人旁是两个人吗——亻彳溯源 71
5.“焦裕禄”还是“焦裕禄”——衣字旁与示字旁 72
6.“艹”“⺮”辨析——草头族与竹头族 75
7.“绯闻”为什么用绞丝旁——绞丝旁的色彩 79
8. 从醍醐灌顶说起——“酉”中文化 81
9.“难”不是“又佳”——隹与鸟同源 84
10.“装潢”“装璜”哪个是水货——“⺩”是一块玉 86
11.“⺗”并非小多一点——忄⺗都是心 88
12. 编辑还是编缉——“车”与造字法 91
13.“罩”字头上不是“四”——“罒”是一张网 94
14. 骛与鹜——形声字的形符 95
二、字形字义溯本篇 96
1.“即”“既”形义辨析 96
2. 藏戈为武——“武”并非“戈”少一撇 98
3.“己”是一个独行侠——己已巳辨析 100
4. 氏与氐不只差一点 102
5. 市与巿作声符要分清 103
6. 戊 • 戌 • 戍 104
7.“蕃薯”“蕃茄”为何不用“番” 105
8.“〇”比“零”更单纯 108
9.“贰臣”不能写作“二臣” 111
10.“蜡梅”还是“腊梅” 113
11.“杏林”“杏坛”不相干 114

12.“陷阱”不是“井” 115
13.“弑医”说法不妥 117
三、历史文化寻根篇 119
1. 妖怪与精灵 119
2. 和与合 122
3. 宇与宙 124
4. 皇榜与黄榜 125
5.“貂婵”还是“貂蝉” 128
6. 水性与杨花 130
7. 问鼎与夺冠 132
8. 黄藤酒还是黄縢酒 134
9. 紫薇星还是紫微星 135
10.“吃荤”≠“吃肉” 136
11.“凤求凰”与“凰求凤” 138
12. 奈河桥还是奈何桥 139
13. 汗青与杀青 140
14. 纹身还是文身 141
15. 宏基还是宏碁 142
四、同音近义辨析篇 144
1. 雀巢与鹊巢 144
2. 洲与州 146
3. 不齿与不耻 147
4. 厮打与撕打 149
5. 庶子与竖子 150
6. 必与毕 151
7. 查与察 152

8. 符•副•幅 153
9. 度与渡 155
10. 照像还是照相 156
11. 定金还是订金 157
12. 了了还是寥寥 159
13. 年青与年轻 159
14. 祭日与忌日 160
15. 斩立决还是斩立绝 161
五、成语正本清源篇 163
1.“大块”朵颐还是“大快”朵颐 163
2.“黄发”岂同“垂髫” 164
3.“酒过三旬”还是“酒过三巡” 165
4.“明日黄花”还是“昨日黄花” 166
5.“杀身成仁”还是“杀生成仁” 167
6. 雪中送的是“炭”还是“碳” 168
7.“弱水三千”与“若水三千” 170
8.“不忍卒读”是指文章写得不好吗 171
9.“狗尾续貂”是以坏充好吗? 172
10. 为什么不能“默守”成规 173
11.“渊源”可以”流长”吗 174
12.“以镜为鉴”说不通 175

第四章　改革创新，在新时代下，实现汉字的规范性 177

参考文献 187

第一章　以形表意，追本溯源：易错字的“前世”

一、汉字的起源

汉字是表意文字。与世界其他语言相比，汉字是最独特、最与众不同的文字系统。在中国上下几千年的发展历史中，它凭借着与拼音文字完全不同的特性，成为世界上唯一的有着日渐严密构形系统的、最古老的也是最有活力的文字。

人类语言的起源已有百万年之久，而人类文字的产生最多7000年左右，可见文字并非伴随着语言的产生而产生的，文字是社会发展到一定阶段的产物，是先民们在长期的生活劳动中一步步摸索出来的。在没有文字的漫长的岁月里，人类尝试通过多种不同的方式记录语言，例如结绳，例如图画、契刻等等。

（一）结绳记事

传说原始社会的时候人们曾用现实中的物品来帮助记忆，比如用绳子来打结做记号，用来记载数量。《易·系辞》说:“上古结绳而治，后世圣人易之以书契。百官以治，万民以察。”《庄子·胠箧篇》:“昔者容成氏、大庭氏、伯皇氏、中央氏、栗陆氏、骊畜氏、轩辕氏、赫胥氏、尊卢氏、祝融氏、伏羲氏、神农氏，当是时也，民结绳而用之。”按神话故事来讲这里十二氏，指的是我国原始社会部落十二个氏族的首领。其中讲伏羲氏、神农氏，史籍中屡见；大庭氏、容成氏当时都用结绳。但庄子并未言明结绳究竟为何用，始于何时。段玉裁也说:“自庖牺以前，及庖牺，及神农，皆结绳为治而统其事也。”（《说文解字·注》卷十五）与庄子的说法一致。而许慎《说文解字·叙》中指出:“古者包羲氏之王天下也，仰则观象于天，俯则观法于地，视鸟兽之文与地之宜，近取诸身，远取诸物，于是始作《易》八卦，以垂宪象，及神农氏结绳为治而统其事，庶业其繁，饰伪萌生。”总之，结绳的起始时代不能确定。后来考古发现新石器时期以来的陶器出现的文字都有着结绳的痕迹，如金文中的“卖”字。

到底结绳怎么用来记事，只有孔颖达《周易正义》讲过，“结绳为约，事大，大结其绳；事小，小结其绳，之多少，随物众寡”。意思就是根据事情规模的大小和数量多少，系出不同的绳结。

刘师培《小学发微》认为“三代之时，以结绳合体之字，用为实词，以结绳独体之字，用为虚词。举凡圈点横直之形，皆结绳时代之独体字也。”也说明在文字诞生之前的人们是靠着结绳来记事的。到底当时人类结的绳子怎么去区分，至今也无从知晓。

（二）契刻记事

契刻与结绳记事相比是出现比较晚的一种记事方法。人们用契刻的方法，将数目用一定的线条刻在木片上，作为“契”，也就是凭证。后来人们将“契”分为两半，双方各持一半，最后以两者吻合为凭据。

刘熙《释名·择书英》云:“望，刻也，刻识其数也。”《墨备城门》:“守城之法:必数城中之木，十人之所举为十挈(契)，五人之所举为五挈(契)。凡轻重以挈(契)为人数。”孙治让解释说：十挈(契)、五挈(契),谓该契之齿以记数也。《墨子问访·备城门》认为大多数的契刻都是记数来作为债务的凭证。郑玄《注》云：“书契取予市场之券也。其券之象，书两札，刻其侧。”又郑玄《易注)云：“书之于木，刻其侧为契，各持其一，后以相考合。”可见，契刻最为常用的方法是，先制做木条，在上面刻齿，以齿的数量来计算数量，算完数量后，再将刻有齿的木条一分而为二，双方当事人各拿其一，以方便以后的证验。这种作为契约的契刻在古代是颇为常见的。《墨子·公孟篇》:“是数人之齿，而以为富。”《管子·轻重篇甲》:“子大夫有五谷菽粟者勿敢左右，请以平贾取之子。与之定其券契之齿。”《列子·说符篇》:“宋人有游于道，得人遗契者，归而藏之，密数其齿。告邻人曰：‘吾富可待矣’。”都是说古代用契刻的方式来达成相互约定的目的。

（三）河图洛书

河图洛书又名“洛河图”。六七千年前，有龙从黄河里跃出，身上还背负着河图，洛河的神龟也浮出水面，背上刻着洛书，这就是河图洛书的由来。

《周易·系辞上》云:“河出图,洛出书,圣人则之。”《论语·子罕》:“子曰:凤鸟不至,河不出图,洛不出书,吾已矣夫！”《墨子·非攻下》:“赤鸟衔硅，降周之岐社，曰：天命周文王伐殷有国。泰颠来宾，河出绿图，地出乘黄。”这些叙述中把“河图洛书”看成国家或帝王之家的祥瑞之兆。汉孔安国《尚书传》说：“河图者，伏羲氏王天下，龙马出河，遂则其文以画八卦。洛书者，禹治洪水，神龟负文而列于背，有数至九，禹遂因而第之，以成九类。”表明“河图洛书”是数字由一到九构成的九类别图式。关子明则提出了“河图洛书”的因数:“河图之文,七前六后，八左九右。洛书之文，九前一后，三左七右，四前左二前右，八后左六后右。”南北朝时甄驾注《数术记遗》，更进一步标明了“河图洛书”的数字排列方式：“河图”为“一与六共宗而居乎北，二与七为朋而居乎南，三与八同道而居乎东，四与九为友而居乎西，五与十相守而居乎中。”总之，河图洛书是古代占卜的一种形式，是运用数字排列的模式来进行占卜活动。

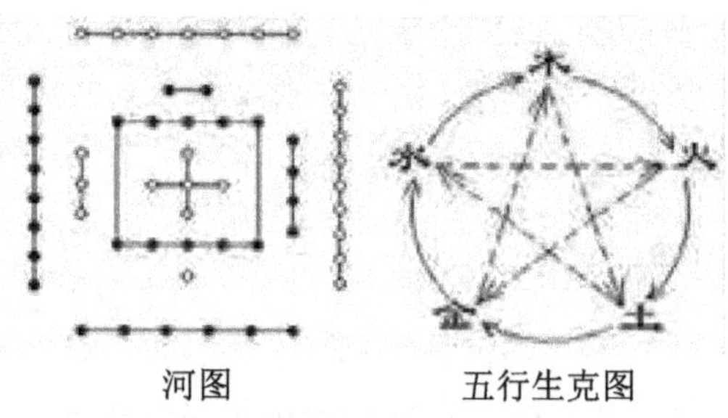

河图　　五行生克图

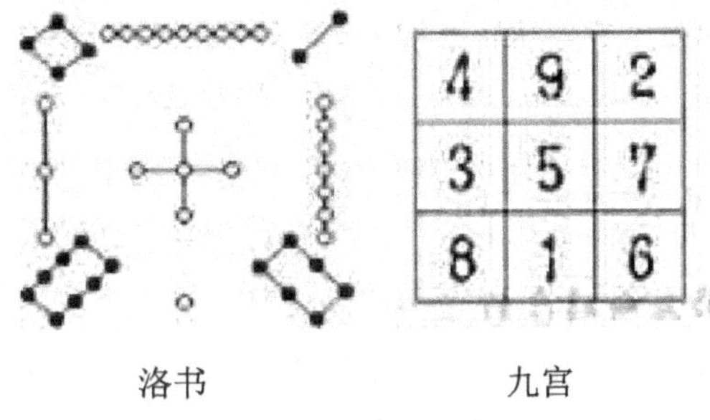

洛书　　九宫

图 1—1 河图洛书

（四）八卦

《周易·系辞下》云：“古者包羲氏之王天下也，仰则观象于天，俯则观法于地，观鸟兽之文与地之宜，近取诸身，远取诸物，于是始作八卦，以通神明之德，以类万物之情。”君王仰头观察天象，低头观察地理，观察鸟兽活动留下的痕迹，以及植物分布的情况，从近处选取人身，从远处选取万物，从而创制八卦，用来领会天地造化高明的用意。八卦是一种象征性符号，是由两短横和一长横组成来比拟阴阳两仪，每个是由三个符号互相配合搭配而形成的。八卦的卦象、卦名和卦形都是相互对应的。

乾（天）　八卦的首卦，天、阳物也，乾为天、为圜、为君、为父、为玉、为金、为寒、为冰、为大赤、为良马、为老马、为瘠马、为驳马、为木果。

坤（地）　八卦之一，坤为地、为母、为布、为釜、为吝啬。

震（雷）　八卦之一，雷之象，万物出乎震．震，东方也。

巽（风）　八卦之一，代表风，巽为木，为风．东南方。

坎（水）　八卦之一，代表水，习坎，重险也。

离（火）　八卦之一，象征火，离，为火，为日。

艮（山） 八卦之一，代表山，方位名，东北方，艮为小石。

兑（泽） 八卦之一，又六十四卦之一。象征沼泽西方，古人认为兑为西方之卦，故亦用以称西方，为羊。

八卦口诀： 乾三连 坤六断 震仰盂 艮覆碗

离中虚 坎中满 兑上缺 巽下断

六十四卦卦诀：乾坤屯蒙需讼师，比小畜兮履泰否，同人大有谦豫随，蛊临观兮噬嗑贲。

剥复无妄大畜颐，大过坎离三十备，蹇解损益夬姤萃，升困井革鼎震继。

艮渐归妹丰旅巽，兑涣节兮中孚至，小过既济兼未济，是为下经三十四。

图 1—2 伏羲八卦（先天八卦）

许慎《说文解字·叙》中也说：“古者包羲氏之王天下也，仰则观象于天，俯则观法于地，视鸟兽之文与地之宜，近取诸身，远取诸物，于是始作易八卦，以垂宪象。及神农氏结绳为治，而统其事，庶业其繁，饰伪萌生。黄帝之史仓颉见鸟兽蹄迒之迹，知分理之可相别异也，初造书契。”许慎认为，在文字产生之前，已经有了八卦和结绳。八卦源于“数卜”，是古代用数字的奇偶所做的占卜，目的是卜吉凶，不是记录语言，而且将卦象与文字牵强地联系起来，这本身就很荒谬。而后来人们又从哲学角度去进行阐释，形成了一种形而上的玄学。

（五）图画记事

绘图作画，以描画生活场景的形式来记录事情或表达心愿，也是一种古老的记事方法。《说文解字·叙》：“仓颉之初作书，盖依类象形，故谓之文；其后形声相益，即谓之字。文者，物象之本，字者，言孳乳而浸多也。”许慎说最早的文字是根据象形，也就是按照事物本身的特点画出具体的形象特征，文字是由画图慢慢演变的。《左传·昭公十七年》云：“昔者黄帝氏以云纪，故为云师而云名。炎帝氏以火纪，故为火师而火名。共工氏以水纪，故为水师而水名。太皞氏以龙纪，故为龙师而龙名；我高祖少皞，挚之立也，风鸟适至，故纪于鸟。为鸟师而鸟名。”这种以龙鸟云水火等记事的方法，是用图像来作标记的发明。《左传·宣公三年》：“昔夏之方有德也，远方图物，贡金九牧，铸鼎象物，百物而为之备，使民知神奸。”夏代初年那些画着神兽和百物的铜鼎，画得特别复杂。图画记事的产生年代是古老的，到底距今多久现已无法考证。

图 1—3　画图记事

（六）仓颉造字说

仓颉造字最早是在战国末年。《韩非子·五蠹》中说："仓颉之作书也，自环者谓之厶，背厶谓之公。"《吕氏春秋·君守》中说："奚仲作车，仓颉作书，后覆作稼，皋陶作刑，昆吾作陶，夏鲧作城，此六人者所作，当矣。"后世也有许多关于仓颉的传说。许慎《说文解字·叙》："黄帝之史仓颉见鸟兽蹄迒之迹，知分理之可相别异也，初造书契。""仓颉之初作书，盖依类象形，故谓之文；其后形声相益，即谓之字。"仓颉造字说，从一开始，就有人提出异议，如《荀子·解蔽》："故好书者众矣，而仓颉独传者．宣也。"

传说仓颉是黄帝的史官。仓颉在当时是做文书工作的，经常去民间，因而仓颉可能也做过文字整理工作，但他并不是当时唯一的造字者。章太炎说："未有仓颉以前，民众画地成形，自为徽契(符号)……仓颉者，盖始整齐划一，下笔不容增损，由是率尔著形之符号，始为约定俗成之书契。”

另外，宋代的郑樵提出所有汉字都是由“一”演变而来的说法。其根据是道家的哲学思想；“道生于一，一生二，二生三，三生万物。”许慎《说文解字》五百四十部中也提到“始一终亥”。郑樵在《通志·六书略》中提出，“一”可作各种变化，能够概括汉字的各种结构，如：

“衡为一，从为丨，邪为丿，反丿为乀，至㇏而穷。”

“折一为㇕，反㇕为㇀，转㇀为㇄，反㇄为㇛，至㇛而穷。”

图 1—4 《通志·六书略》汉字由一而来的说法

二、汉字与六书

(一)“六书”理论

“六书”这个词最早出现于《周礼》。《周礼·地官·保氏》：“保氏掌谏王恶，而养国子以道，乃教之六艺：一曰五礼，二曰六乐，三曰五射，四曰五驭，五曰六书，六曰九数。”记载“六书”作为造字方法的典籍是在汉代。东汉班固在《汉书·艺文志》中说：“古者八岁入小学，故周官保氏掌养国子，教之六书，谓象形、象事、象意、象声、转注、假借，造字之本也。”这里将“六书”的内容逐一列出。许慎在《说文解字·叙》中说：

“周礼八岁入小学，保氏教国子，先以六书。一曰指事，指事者，视而可识，察而见意，上、下是也；二曰象形，象形者，画成其物，随体诘诎，日、月是也；三曰形声，形声者，以事为名，取譬相成，江、河是也；四曰会意，会意者，比类合谊，以见指撝，武、信是也；五曰转注，转注者，建类一首，同意相受，考、老是也；六曰假借，假借者，本无其事，依声托事，令、长是也。”许慎最早将“六书”的定义逐一说明，并且对其进行全面分析汉字的结构。郑玄为《周礼》作注解，同时也引用了许慎的话说：“六书，象形、会意、转注、处事、假借、谐声也。”

（二）“六书”类别例释

文字产生后经时代演变发展形成的体系，人们开始慢慢研究，研究始于春秋时期。《左传•宣公十二年》记载：“夫文，止戈为武”;《左传•宣公十五年》记载:“故文，反正为乏”;《左传•阳公元年》记载：“于文，皿负为且。”战国时候，才真正出现“六书”这个名称。《周礼•地官•保氏》列举了周代教育贵族子弟的“六艺”:“一曰五礼，二曰六乐，三曰五射，四曰五驭，五曰六书，六曰九数。”由此可以看出当时的人们已经开始研究和分析总结汉字的构造，同时也总结出最初“六书”的名称，但是史记里并没有记载六书的具体内容。

西汉末年，六书理论开始逐步走向成熟。汉代学者把六书的解释作为构造汉字的六种基本原则。班固在《汉书•艺文志》中说：“古者八岁入小学，故周官保氏掌养国子，教之六书。谓象形、象事、象意、象声、转注、假借，造字之本也。”郑玄在《周礼•保氏•注》中指出:“六书，象形、合意、转注、处事、假借、谐声也。”许慎作《说文解字》，运用自己整理的六书理论成功分析了九千多个汉字。他在《说文解字·叙》里说：“周礼八岁入小学，保氏教国子，先以六书。一曰指事。指事者，视而可识，察而见义，上、下是也。二曰象形。象形者，画成其物，随体诘诎，日、月是也。三曰形声。形声者，以事为名，取譬相成，江、河是也。四曰会意。会意者，比类合谊，以见指撝，武、信是也。五曰转注。转注者，建类一首，同意相受。考、老是也。六曰假借。假借者，本无其事，依声托事，令、长是也。”

对于以上三家六书所说进行对比可以发现，都有三种名称相同，就是象形、转注、假借，除了这三种名称外其他都不相同。班固所说的“象事、象意、象声”，名称太过含蓄混淆，分界说的不明确；郑玄提出“处事、谐声”，则说的特点不明显不够突出，概念不确切、太模糊；相形之下，名称采用更加合理适当的是许慎。每家六书排列次序也不同，尤其是重点的三家。因为他们各自对汉字产生、发展的阶段有着不同看法。郑玄重点在象形、会意，处事放在转注之后，许慎把指事放在象形之前，其实这些都不是汉字的真正发展，只有班固的“六书”次序相对来说比较接近实际发展。因此一直到今天一直将许慎的六书名称与班固的六书排列结合使用。不过，许慎对于“六书”的解释十分简略，解释只使用了八个字，举的例子也只有两个，对于“六书”的界定不严密，因此后世对六书的理解分歧很大。但是，许慎的六书理论在中国文字学中依然占有十分重要的地位。

（三）六书详解

1. 象形

何为象形，象形造字法是指绘画出类似一个真实物体的形象。象形字表示的是事物的名称，它的构成是全部由形符组合形成。许慎在《说文解字》中用“象形”或“象某象之形”来说明这一现象。《说文解字·叙》说：“象形者，画成其物，随体诘诎，日、月是也。”意思就是是随着实物形状的状态不同，它的字形和线条也是不同的，比如“日”和“月”这两个字就是用实物的形态的方法演变出来的字。因为象形是指物体的形状，所以也称为“象物”。

象形的造字方法具有原始性，同时也有一定时间、空间上的局限性，世界万物各有不同，有复杂难懂，也有简单相似之物，更有抽象难以区分的。据清代时期汉字学学家王筠对《说文解字》进行了统计计算，在 9353 个字中，象形字仅仅 264 个。

创造象形字，有时候为了方便简便明了，同时也为了同其他字进行区分，因此只描绘出局部。如：羊、又(右手)等。

连带有关的物体一起画出。有一些东西的形状很难单独画出来，或者孤立地画出来后很容易与其他字相混，所以为这类东西造象形字时，需要把有关的事物一起画出来。有人称这类字为复杂象形字。例如：瓜、果、身、眉、天、牢。

象形字可以从不同的角度来分类：

从观察者的角度来看

正视 自 目 牛 门

侧视 鸟 马

仰视 日 云 虹

俯视 田 行 水

后视 燕

象形字有以下两种类型：

(1)独体象形字。独体象形字是由单独的象形符号构成的。

例如：

日、　月、　山、　水、　牛、　羊、

犬、　隹、　人、　止、　儿、　戈、　矢、

“人”的甲骨文像是垂臂直立的动物人形的形象；“女”甲骨文像端坐的女子之形，双手交叠；“儿”甲骨文像幼儿之形，脑袋、头发、脚；“子”甲骨文，探出脑袋，挥动臂膀；“又”甲骨文像伸手抓东西的样子；“口”甲骨文像人张开的嘴巴形状，是人口的形状；“心”甲骨文像心脏的形状；“手”甲骨文字形像一个张开五指的手形;“止”甲骨文是一个脚掌形,脚趾头张开;“目”甲骨文、金文像人的眼睛的形状；“耳”甲骨文像是被切下人类听觉器官的形状。“自”是“鼻”的本字，甲骨文是人鼻子之形，有鼻梁、鼻翼;“首”甲骨文像动物头部，像人头形状；“页”像依附于人体的人头形；“羊”甲骨文像羊形；“牛”甲骨文像牛形；“犬”甲骨文像狗形；“燕”甲骨文像燕子形;“龟”甲骨文像侧面的乌龟;“羽”甲骨文像羽毛的形状;“角”甲骨文像牛兽角形状;“木”甲骨文像树形，上面的像是枝干、下面像树的根系；“竹”甲骨文像竹形，有两簇叶子从上垂下；“刀”甲骨文像长矛兵器；“弓”甲骨文象弓形；“舟”甲骨文像独木舟形；“网”甲骨文像渔网形，之间相互交错；“水”甲骨文像流动的水形；“田”甲骨文象纵横的田野；“阜”甲骨文像多级登山的石阶。甲骨文字形中或中的

形状像石崖。篆文开始变形，隶化后楷书由篆文字体结构变成“”“”的合体结构，从此石阶形象消失。

（2）合体象形字。合体象形字是由复合的象形符号构成。

例如：

眉、石、瓜、果、巢

“眉”甲骨文，眼睛指，为眉毛，下部目形为上面的眉毛做衬托；“石”甲骨文，像悬崖，像石头，像山崖的石块之形；“瓜”金文，像藤上挂了果字，像挂在藤蔓的瓜实之形；“果”甲骨文像是一棵树，上结满了果实，“木”形作衬托;“巢”金文，像鸟窝，“木”形起衬托作用，像鸟巢。

象形字虽然起源于画图，具有图形的特征，但是文字的符号特点决定了象形字不必像图画那样特别真、特别像，大致临摹出物体的轮廓或神似即可。从形体的结构来讲，象形字形体不能包括两个能单独独立的字，并且其中不能有表音的成分存在。

中国的汉字里象形字并不多。《说文解字》中只有 264 个象形字。自汉代至今，只造了“伞、凹、凸”少数的象形字，根据时代的不断发展现如今已基本不用这种方法造字了。虽然象形字数量并不多，但是象形字是中国汉字造字的基础。到之后的合体字有一部分是采用象形字结合构成的。例如“侄、俭、仙、企、伐”都有“人”的构成成分;“驴、驮、驾、驶、妈、骂”等字有“马”的构成成分;“财、货、贸、狈、贼”等字具有“贝”字构成成分。因此，从字的源头上了解象形字的特点，能够帮助我们掌握大批汉字和了解汉字的简单构成。

象形字是一种最为古老的表形文字，但“象物之形”方法具有的局限性很大。“见形知义”的汉字符号对于人类语言的需要是远远不够的，在日常的口语中，许多的语词都无法使用这种方法造出字符，很多日常的话语并没有相对应的汉字。比如很多表示抽象概念的词语，它们的意义并不能概括具体的物象或简单事理。“象形”的这种构字方法只能完成部分记录语言的需要，并不能满足全部记录语言的需求。汉字的发展慢慢由表形开始向表意发展，同时指事字同会意字相应产生。

2. 指事

指事是以象征性的符号来表示意义的造字法。《说文解字·叙》说：“指事者，视而可识，察而见意，上、下是也。”讲“上”“下”这两个字用的就是此方法创造出来，这种造字的方法只限制于相对比较抽象的事物，同时许慎对于“指事”的定义还是不够明确。后来人们认为，一般指事是在象形字的基础上发展成为增加指事的符号，或者是用纯粹的抽象符号来“指点”字的意义的一种造字的方法。指事是属于“独体造字法”。在总共六种方法中，指事法造字是涵盖最少的一项，王筠对《说文解字》一书进行统计研究，发现文中指事字只有129个，之后几乎再也没有指事字这类字的创造，例如“刃”字在“刀”字加上一点表示尖锐、锐利；“凶”字在凹处写了叉号表示有危险；“上”和“下”字在主体“一”字的上下各添加标示符号。

指事字有以下两种类型：

（1）纯体指事：也叫独体指事

例如：

图1—5 纯体指事

“一”“二”“三”都是用抽象的一、二、三个一划来表示数字，这类型符号是根据当时社会历史的假定性符号而创造的。这些字是采用符号进行的整合。

（2）加体指事：也叫合体指事，是在象形字的基础上增加指事符号进而形成的指事字。加体指事占指事字的大部分。它们有时候表示的是比较抽象的事物，有时候也是具体的事物。

例如：

图 1—6 合体指事

“亦”甲骨文，在一个人胳膊下面各加了一个点，表示人的两腋窝的地方，含义为腋窝。“寸”篆文，在手腕的下添加了一个横，表示手腕的某个位置下，指明寸口的位置。“立”甲骨文，像有一个人挺直地站在地上，下面的一横表示地面，指人站在在某一地方。“本”金文，在树木的下面加了三个点，指明了树的根部。“末”金文在“木”的上端的地方加了一横指事符号，表示树梢的位置。“甘”，甲骨文，“口”中加一个短横，从而指出口腔内部的舌头和嘴部的动作特点，表示在用口或舌品尝美味，含义指味道鲜美；“曰”甲骨文，在象形文字“口”字上边加了一横，用来表示嘴巴的动作。“牟”金文，在牛字的头顶上加一短撇，表示牛叫。“卒”甲骨文字形，“、”两个符号组合，指在衣服上交错捆绑，这是一种表示远古礼葬的仪式，意思就是士卒；“血”甲骨文，有东西滴在了象形字“皿”的里面，含义为牲血。

指事字与象形字是不同。象形字是由一个真实实物演变而来的形象；指事字不用看见真实事物描摹出图形，而是直接造出一个抽象的指事符号，或者直接是抽象符号。象形字的主要特点就是物像体的形状，因此一看就能知道它所代表的意思，而指事字依靠大小符号的“指点”，它不能像象形字那样给人直观的感受。象形字是具有具体性质的文字，整体性质要求高，一般象形字是可以画出来；指事字的字是抽象的，或它虽然不抽象，但是却是局部的，用局部的来暗指整体。

就构字能力来说，由于指事字的构形是依据抽象的指事性符号，指事符号最大的作用是能够指出相对应的合理位置，位置关系在汉字语词中的数量是有限的，所以说指事字汉字的构成能力是最差的，《说文解字》中，指事字仅有 129 个，汉代之后基本没有人造指事字了。

3. 会意

所谓的会意造字法，就是把几个有意义相关的字进行合并，组合出一个新的字，并有着自己的意义。《说文解字•叙》里讲：“会意者，比类合谊，以见指撝，武信是也。”“比”是拼在一起、并在一起的意思，“谊”即是义，“撝”同“挥”一个意思。意思就是把两个或两个以上的字结合在一起，从而得到一个新的字，“武、信”就是用这种方法发展创造出来的。“武”字由“止、戈”两个独立的字组成，并有着新的意思；“信”字原本的含义是“信息、消息”的意思，信息是由人来进行传达传送的，所以把“人、言”两个字组合在一起表达“信息”的意思。用现在的俗话来讲，会意的含义就是把多个已有的字组合，重新形成一个全新的字，并且具有全新的寓意，采用会意的方法造字即是会意字。

会意字组合的形式是多种多样的，依据构成会意字的构成不同，可以把会意字分成两种类型。

（1）同体会意字：即由两个或两个以上一模一样的字体构件构合形成的会意字。

例如：

图 1—7 同体会意字

“林”字采用两个“木”组成，用来表示有很多的树木，表达树林的意思。“森”字采用三个“木”字叠加组成，用来表示大的范围都是树木，含义表示森林。“炎”字采用两个“火”叠加，火字的上面又添加了一个火，表示非常大的火。“轰”字采用了三个“车”，表示好多车发出的声音。“从”“并”“磊”“辞”“北”“步”“涩”“卉”“捌”“晶”“冕”“瘦”都是用重叠以重新组字来形容事态。

根据同体会意偏旁不同，可以分为以下几类：

①并列式：林　从　朋　棘　囍

②重叠式：炎　多　哥　步　吕

③品字式：品　森　磊　淼　众

（2）异体会意字：即由两个或两个以上的不同字体构件构合形成的会意字。

例如：

图 1—8 异体会意字

异体会意的组合形式众多，字数量也多。根据不同的会意方法，可以分为以下几种：

①图形会意式，由象形字组合形成，通过图画表达偏旁之间的关系，表达原本的意思，如“休”字是“人、木”组合形成。

②意象会意式，是通过偏旁之间具有的某种关系，使人领会出这个字的意义。如“尖”字就是由“小、大”组合而成，还有如“卡”“掰”“孙”等。

③偏旁字义联接会意式，此类形会意字是由偏旁联接起来组合得出。如：嵩，山高；岩，山石；籴，买入米；俩，两个人。

还有几种字在同体会意和异体会意这两大类会意字之外，它也属于会意字的范畴。

补充象形和指事剩下的一些造字方法是会意字的作用。相对比而言，会意字优越性比较明显：它能够表达大部分抽象形的字，它的构字能力比象形、指事要强很多。《说文解字》里有会意字 634 个。发展到现代，有时候依然采用会意的方法来建造简体汉字。

4. 形声

《说文解字·叙》里讲：“形声者，以事为名，取譬相成，江、河是也。”

“事”是指事物，“名”是指一个字。意思就是选择与该事物有相互关系的一个字来作为一个新字的形旁，选择读音相似的一个字来作为这个新字的声旁，“河、江”就是采用这种方法创造来的。

图 1—9 形声字

一般的形声字是由一个声旁和一个形旁结合形成。在产生的过程来看，早期的形声字，不是由形旁和声旁两个组合而成的。事实上形声字的形成具有着众多的路径。主要的有以下几种情况：

（1）在原字的基础上增加声旁。

例如：

“鼻”字的甲骨文是来于“自”，甲骨文像鼻子，后来加了做声旁。成为了形声字。

“凤”字，早期甲骨文后来添加了“凡”字做声旁，成了形声字。

（2）在原字的基础上增加形旁。

例如：

州——洲

“州”字最早见到的是甲骨文，是属于象形字，像在水里的陆地，含义就是水里的陆地。后来引申到了州县义，所以州字旁加了“水”，用来记录“水中陆地”的意思。

取——娶

“取”本来的含义是以打仗的时候以死掉的敌人割下的耳朵多少作为军功，后来古代由抢亲风俗发展为娶，在“取”字上加了“女”字，说明“娶”女人，名为抢亲。

府——腑

“府”字本来就是“广、付”两个组合而成为的，原本的含义是为专门保存文书档案所建设的仓库。在中医里认为人体器官与仓库的功能、性质相似，因此也指人体内器官，在“府”的旁加了“肉”组合成了“腑”字。

（3）改变原字的形旁。

例如：

赴——讣

“赴”字是由“走、卜”两个字组成，原本的含义是急往。报丧这件事是要急往的，后来把“走”改为“言”字组合出“讣”字来表明报丧。

倚——椅

“倚”字是“人、奇”两个字组合而成。本意是说倚靠。到后来有了一种背可倚靠的坐具变成了倚，再后来把“人”字改成了“木”字组合出了椅子。

正体形声字就是具有完整的形旁和声旁，字的形旁和声旁都既能够独立成字，又可以形体完整。例如“和”从“口”是“禾”声，“胡”从“肉”是“古”声。

省体形声字就是形旁或声旁做了简省。

形声字的声旁和形旁配合组合的情况有以下几种：

①左形右声

玩 妈 牺 珠 理 岖 珍 梧

②左声右形

鹅 判 刻 刊 攻 割 顶 刚

③上形下声

草 苹 苦 篇 萌 箱 笺 宇

④上声下形

盒 费 货 盎 驾 架 贸 贡

⑤外形内声

固 闺 阉 阔 园 圈 圃 阎

⑥外声内形

闷 问 闻 哀 辨

⑦形居一角

赖 修 腾 疆 滕

⑧声居一角

徒 旗 爬 徙

以上这八种情况里最常见的是①③两种，一种是左形右声，一种是上形下声。⑦⑧是最难区分的两种情况，由于这两种情况的声旁和形旁在的位置特殊。

5. 转注

《说文解字·叙》说："转注者，建类一首，同意相受，考、老是也。""建类一首"讲的是同一个部首；"同意相受"说的是几个部首相同的近义字，可以互相进行解释。许慎写的《说文解字》里对转注的定义不够明确，许慎文中分析9353个小篆的形体和结构，一个字都没有明确地指出哪个属于转注。到底转注是怎么一回事，后人的猜测和理解众多。目前认为，从转注的性质上来说，它的问题合适在学术史中来学习和研究。

转注字在意义上来讲是一种同义词。虽然没有产生一个新的造字方法，但是它也有造出一些属于形声字的新字。转注字直接地反映了语言的发展变化与差异性，同时它把一种语言文字现象也反映了出来，那便是文字要时刻调整自己的形态来适应不断发展和转化的语言需要，它属于动态性质下的文字现象。

两字同一部首、两字声音相近、可以互相解释是转注字的三个条件。

虽然文字不是一个人能够造出，也不是一时就能创造成功，更不是一个地方就能完成的事情，但是文字的功能都是一样的，都是用于记录语言和传承文化的。所以说同样的含义不同的人造出来的字就可能不同；开始用的字不同，发展到最后字也不相同，在不同时间、不同空间创造出的字会形成“语根相同，语义相同，但字形不同”的问题。文字已经开始普遍使用，很难再次将文字取消，只能将其转化为注释的方法来对这些文字进行了解沟通。

在历史上各家对于转注的理解是不同的，主要有两种类型：

（1）形转说，认为“建类一首”是指用同类型部首作为意符，“同意相受”是指同类型意符的字义相连和相承。

（2）音转说，认为“一首”是指用词源上同声或同韵的字，比如“考、老”。

6. 假借

《说文解字•叙》说：“假借者，本无其字，依声托事，令、长是也。”“本无其字”是讲，在日常的口语里面含有这个词，但是在书面形式里没有这个词的字。“依声托事”就是讲，不为了某一个词专门创造一个新的字，而是按照和根据这个词原本的声音借用现有的同音或近音字来代表原有的的事物。比如，

“来”原意是指麦子的一个象形字，后来用假借法发展为“来回”的全句就是：后来用假借法发展为“来回”的“来”“来”；“我”原意是某一种武器的名称，后来假借为第一人称；“亦”的原意是“两腋”，后来发展为假借，成为虚词；“汝”字的原意是指水的名字，发展到后来假借成为了代词第二人称。

许多抽象型的语词，要表达出它们的意义，不能单单从物体的具体象或事情简单概括。因为它们是抽象型字，所以没有“形”，因此无法使用“据义构形”这种方法创造出来，然而客观上来讲，又非常需要把这些词语进行视觉化，所以这类语词只能用假借的造字方法来达到记录的目的。比如表达相对比较复杂的思想主要靠词序、虚词，单独看虚词，它没有一个准确并具体的含义，用“据义构形”的方法无法创造出，而记录虚词的词语，能够记录汉语中的不可缺少的一部分，这里的虚词采用记录的方法就是依靠假借。总的来说，不管是记录虚词、实词，用“据义构形”的方法都有局限性，记录语言的过程中必须克服局限性这一困难，在出现矛盾时，假借这种方法就顺势而生了。

假借字的作用与表现：

首先，字少词多的问题是假借解决的，同时优化了表意汉字的不足之处。假借字出现，把象形表意汉字自身不足的问题解决了，凭借形同音近的关系，通过借形的方法，创造了属于自己的文字符号，在不发展新字的前提下，克服了记录汉语时所遇到的困难，使表意汉字能够成功地全面记录汉语。假借字补充了汉字记录的不足。

其次，假借促进了汉字的发展创造。假借字本身对汉字就起着制约作用，但是从另一方面来讲，假借在做借形的时候添加了被借字的负担，形成了字形、音、义三者的矛盾。为了解决部分字多种意思的问题，发展过程中有时候需要创建新字来满足需求，以解决问题。

假借本身来说并不创造新字，从汉字的历史进程来看，它直接影响了新字的创造。

再次，假借使汉字的使用范围在一定程度上扩大了，但也产生了字形与字义之间的矛盾，而对于汉字人们又习惯在字形上找信息与意义。为了怕本字和借字相混，在多数情况下，采取了给本字或借字添加形旁使各个字符有着各自的意思。在汉字发展的过程中，继而发展产生了一大批新字型。戴展云:“古字多假借，后人始增偏旁。”其方法是：

（1）原字加形旁表示本义。例如：

它—蛇　其—箕

“它”象形字[illegible]，本义为蛇，作为代词，在小篆中给“它”字加了偏旁“虫”字，组合成了“蛇”字。《说文解字》曰:“它，虫也。从虫而长，象冤曲垂尾形。上古艸居患它，故相問無它乎。凡它之属皆从它。蛇，它或从虫。”“其”象形字[illegible]，原本含义是簸笑，“其”字作为虚词使用，在“其”字上方加了“竹”字组合起了“箕”。《说文解字》:“其，簸也。从竹、[illegible]，象形，下其丌也。[illegible]，古文箕省。其，籀文箕。”

（2）原字加形旁表示借义。例如：

辟—壁

“辟”象形文[illegible]，原本的含义指的是刑法，“辟”这个字是一个假借义。

这些例证表明，因假借引起的汉字字形的分化，这是形声字能够产生和发展的一个重要原因。

随着历史上语言的不断发展和变化，有一些假借字并无法取代本字在语言和生活的地位，有的字会以借义作为它的起点，然后慢慢向前引申，从而组合建立成为新的词义系统。这个字所表达的原本含义，该字形所表示的本义，会着点于借义系统，或重新造新字来表现，或者慢慢消失不存在。比如“来”字，象形文字像小麦的形状，原本含义是指小麦，借作为“来往”例如“往来正人方。”《殷虚文字乙编》“来”在卜辞中的意义如下：

来{本义：小麦。
借义：往来之来→至、到→将至、未至。
↓
贡纳

假借对汉字字音起了促使分化的作用。假借能载负着几个没有任何关联的信息，在字形区别度上降低了一定程度。为了区分本义和借义的不同之处，在汉字历史的发展中，会在字形上加以区别，同时在字音上也有区别，这样间接地使同样的一个字形发展到后来，变化成了具有不同读音的字。例如：

莫一暮　凤一风

“莫”为会意字，由“日”与“艸（古草字）”构成，原指太阳落到草丛中，表示傍晚日落时分，后来假借为否定词“莫”，而傍晚的意思则在“莫”的下面加“日”来表示。在金文中，“莫”已经借作于否定性副词，“日暮”与“莫”的“莫”字读音相同，发展到了中古时期，出现“暮”字的原字(见于《广韵》)，两字读音开始有所不同。“风”类似于凤凰的形状，原本的含义是凤凰，卜辞中“风”多借为“风”演变而来，到了周秦，才有了“凤凰”二字。

三、汉字的形体演变

汉字的形体指的是出现在不同历史阶段，同时又被广泛使用的不同字符形体，即通常我们所说的字体。历史上各种不同字体的概括有真、草、隶等称谓。研究若干重要时期的独具特色字体的典型，对了解汉字的演变，揭示汉字历史发展的规律起着重要的作用。

汉字形体的发展以秦隶书为分水岭，一般可以分为两个阶段：隶书以前的文字统称为古文字，包括甲骨文、金文、古文、大篆和小篆；隶书以后的文字统称为今文字，包括隶书、草书、楷书和行书。古文字按照时代的先后顺序，可分为原始文字、殷商文字、两周文字，但它们之间的界限并不十分明晰。依据不同的书写材料，又可区分为甲骨文、金文、陶文、玉石文、简帛文、玺印文、货币文等类别。而两种分类方法又不可能截然分开，有许多交叉的地方。例如殷商文字就包括了该时期的甲骨文、金文、陶文、玉石文等，西周春秋、战国等各个时代的文字也都如此。本节以字体为主，兼顾时代、地域和书写材料，分为甲骨文、金文、六国古文、秦系文字等，逐一稍加介绍。

（一）原始画图

汉字的真正起源实际由图画演变而来，它是人类在生活生产中逐步积累而来。古人类是通过画图来辅助记忆复杂难懂的事物，这是人类文字形成与演化的起点。

文字来源于图画。如果把图形进行简化，一个图形记录语言中的一个词或寓意，就产生了文字，这是被大多数专家学者接受和证实的看法。在由图画向文字过渡的过程中，形成了文字画。人们用画图画或作图考究方法来记事与传递信息，这种图画和图解就是近似文字的图画。目前我国现存的能证明汉字起源的最好的证据有：尔苏人的沙巴文和纳西族的东巴文。

（二）甲骨文

甲骨文是刻在龟甲、兽骨上的文字。刻在龟甲和兽骨上的文字，称为“龟甲兽骨文字”；刀刻甲骨文称为“契文”、“刻契”或“刻辞”；用于做占卜的甲骨文称为“卜辞”、“贞卜文字”；河南安阳西北小屯村一带是商末安阳遗址，从此地挖掘出的甲骨文称为“殷墟文字”。

商人迷信神鬼，凡事必先占卜吉凶。其内容包括在社会生活的各个方面：如祭祀、战争、农事、渔猎、出入、风雨、年成、疾病、生育等。东汉许慎《说文解字》云：“占，视兆问也。“卜，灼剥龜也，象炙龜之形，一曰象龜兆之从(纵)横也。”指的是人根据用火烧灼甲骨拆裂成的裂痕来占卜。具体方法是把龟腹甲、龟背甲、牛肩胛骨经过一定的修治、磨刮平整，使其成固定的形状，而后在背面用锋刃器皿刻出圆形的钻窝和梭形的凿槽。用火烧灼已制好的钻凿处，甲骨的正面就会出现不同形状的裂纹。竖的裂纹称为“兆干”，横的裂纹称为“兆枝”。占卜之后，人根据这些裂纹的不同形状来判断吉凶祸福。因为甲骨文主要内容是占卜的记录，所以甲骨文又称为“契文”“甲骨卜辞”“殷墟文字”或“龟甲兽骨文”。

不仅商代有甲骨文，两周时期也有甲骨文。特别是1977年在陕西扶风、岐山两县间的周原遗址中发掘出大批周代甲骨，引起国内外学者的极大关注。在西周遗址发现的甲骨文称为“西周甲骨文”“周原甲”。

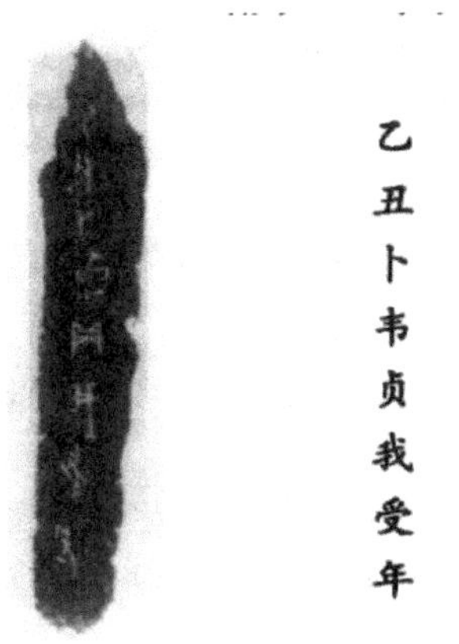

图 1-10 甲骨文与简体汉字对比

迄今为止，殷墟出土的有字甲骨估算在 15 万片以上，周原出土的有字甲骨也有近 3000 片。这些甲骨文按内容可分为两类：其中绝大部分是占卜文辞，还有极少量记事及其他方面的文辞。

1. 占卜文辞

占卜文辞的内容

祭奠先公先王的卜辞占很大比重，祭祀种类繁多，且多杀牲畜。此外，有征伐、田猎、年成、天象、旬夕、往来、使令等。

占卜文辞的文例

一篇格式完整的占卜文辞一般由四个部分组成：前辞，命辞，占辞，验辞。

前辞：记占卜的时间和人名。

命辞：即命龟之辞，记录贞问的问题。

占辞：即根据情况断吉凶的言辞。

验辞：即占卜后是否应验的情况。

前辞："戊子"是占卜的日子，"栽"是人的名字。

命辞："上帝到四月让下雨吗""上帝到四月不让下雨吧"从正反两方面卜问。

占辞：商王根据兆象认为丁酉日下雨，辛卯日不下雨。

验辞：下旬的丁酉日果然下雨了。

在文辞中并不是每版甲骨都具备这四个部分，更多的实例是比较简化的，特别是有验辞的甲骨为数较少。我国古代以干支记年、月、日，文献中以干支记日，姑于甲骨文。

2. 记事文辞

包括有关纳员、收藏的记事文辞，有关历史事件的文辞等。后一类甲骨文多属殷商末期(帝乙、帝辛时期)，内容多为狩猎游乐、征伐诸国、祭祀赏赐等，数量不多，但有极珍贵的文献价值。

甲骨文是比较成熟的文字体系，能够详细地记录语言，已发展到涵载文字的初级阶段. 其形体结构有以下特点。

以象形为基础

甲骨文的形体源于客观事物的图像，是原始的记事方法，即以象形为基础发展起来的图画记事法的承载体。经过高度的概括和抽象，成为记录语言的特殊符号，但所据事物外观的大致形象依然存在，有时为增强作为文字符的区别度，其物象的特征还被着意突出。这就使得一些为抽象概念所造的、原本无形可象的也带上浓厚的象形色彩。

通过一百多个基本形体的相互组合和变化，甲骨文形成一个复杂的、具有相当规模的符号系统。

结构上六书具备

甲骨文已具备后代所归纳的汉字记录汉语的各种方法，即象形、指事、会意、形声、转注、假借六法。甲骨文以象形字、会意字为主；形声字占总字数的65%左右；转注字已经萌芽；假借现象也很普遍，一片甲骨卜辞中假借字往往要占50%以上，这是早期文字符号还很不齐备时特有的现象。它们已具备后世六书理论所总结的汉字的各种形义关系．这表明甲骨文虽然还是一种早期文字，但已脱离原始文字阶段，已经走向成熟。

3. 处于不定型文字阶段

甲骨文还很不规范，字的构形与书写带有相当大的随意性，异体字繁多，这主要表现在以下几个方面：

（1）方向和部位不确定。

同一字有多种写法。

（2）构字成分不确定。

基本部件所表示的事物类属相同或相通，在某些字中可以互相代替，变换使用。在不发生混淆的前提下，同一字允许笔画损益，可以增减笔画甚至偏旁。

（3）异字同形现象尚存。

这是指两个完全不同的字在构形上的混同。

（4）合文现象普遍。

合文或称合书，就是把两个甚至三个字合写在一起，只占一个字的位置，形式上是一个字，而实际上读两个或三个音节，代表两个或三个词或词素。

（5）笔画多为细腻的立笔

由于甲骨文是用刀刻写在坚硬的龟甲兽骨上的，所以线条刚劲，多为直笔。转弯的地方也都是陡角，整体显得劲峭有力。

如图形的太阳"日",有时被刻成四方或五方形。有些多体之物,往往只刻个轮廓或改用其他线条代替。

(三)金文

金文是指先秦时期铸刻在青铜器上的文字。青铜是铜和锡的合金,古人称铜为金,故名"金文"。古代以祭祀为吉礼,把祭祀用铜器称为吉金. 故有的学者称金文为"吉金文字"。古代青铜器中,以乐器钟和礼器鼎最富代表性,所以有的学者又称其为"钟鼎文"。古代青铜礼器通称彝器或尊彝,对某些不能恰当定名的青铜器,也往往泛称为彝,所以有的学者又称其为"钟鼎彝器铭文"。金文通常先用毛笔写好,再刻在模子上用以铸造,其字凹下去者为阴文,也叫款,款是空的意思;凸出来者为阳文,也叫识,识是标志的意思;合称款识,故金文也称为"彝器款识"。典籍和地下考古资料证明,我国在夏代以前已开始铸造和使用青铜器。

1. 商代金文

商朝金文和甲骨文属于同一体系的文字,只是因为所用材料和制作方法差异而各具特色:商代金文笔形圆润肥厚,庄重规整,有许多笔画由块面构成,显出浓厚的图画性和原始性,使用在比较正式的场合,是当时的正规字体;而甲骨文线条刚劲,笔画多方折,比金文还要草率,应是日常使用的俗体文字。

现存有铭文的青铜器,最早可归于商代中期,但却只有寥寥几件,铭文都限于两三字。其中最著名的是司母戊鼎,重达875公斤,是迄今发现的最大的青铜器,鼎腹铸有"司母戊"三个字,是商王武丁为祭祀其母而造。至殷商晚期的帝乙、帝辛时期才开始出现三四十字的较长铭文,但未超过50字。

2. 西周金文

以西周金文为代表的这个时期的汉字，上承殷商金文，下启春秋金文，是汉字发展史上应当引起重视的过渡阶段，也是古文字走向成熟的重要时期。

西周金文有如下的特点：

（1）新出现的独体象形字很少，而形声字却大量增加。一是在原有的字形上增加声符或形符，使原来的非形声字变成形声字。

（2）文字构形较甲骨文规范和固定。

字形相近而混用的现象有所减少，因而异体字相对减少。

偏旁逐渐趋于定型。

合文大为减少，西周金文异字同形的现象也已经罕见。

（3）块面笔画趋向线条化，曲折笔函趋向平直化。

（4）行款基本固定。甲骨文行款比较自由，到了西周铭文．已基本固定为从右到左直行书写，从而奠定了汉字书写的典范款式。西周铭文的字形逐渐趋向大小一致，甚至出现了打格子书写的现象，力求字体方正匀称、整齐美观，从而奠定了汉字的方块形式。

3. 春秋金文

春秋时期诸侯争霸。各诸侯国势力逐渐强大，其中齐、晋、楚、秦等国都形成各自的势力范围和不同风格的区域文化。在文字上的反映，就是开始出现了文字书写和布局的差异倾向。春秋金文多镌刻在列国诸侯和卿大夫所铸造的铜器上。春秋初期的金文几乎都沿袭西周晚期金文的体制，进入中期后，诸国文字不同的风格和特点就比较显著了，突出的有：

（1）长条化、整齐化倾向

故意把每个字形都拉长使整篇铭文呈现明显纵势的格局感官。

（2）装饰化、美术化倾向

这突出地表现在江淮流域的吴楚等国金文中。

4. 战国金文

战国金文是对战国时代周王室和各诸侯国所有品类文字的统称。这样指称，是因为这一时期无论哪一种器物上的文字，都不能成为该期所有文字的代表。如属于春秋战国交替之际的《侯马盟书》，就是晋国的官方文书。它是晋国六卿之一赵耿在晋国都城主盟宣誓的文辞。同时，连年的战争使得兵器的铸造格外受到重视。在战国时期，各国统治者都加强了对兵器铸造的组织和管理。因此，这时的各国兵器刻辞非常丰富。此外，战国是商业迅猛发展的时期，这种商业大潮出现的一个重要标志是当时铸币的发行。当时，钱币的铸造出现了百花齐放的局面，受政治割据的影响，各诸侯国的货币都力图区别于其他国家，在形状、币制、文字等方面都希望显示出自己的特色。从以上各个方面可以看出的汉字也一如既往地出色完成其自身的使命。

战国文字虽然地域性差异非常复杂，但也具有一定的规律性，即距周王朝所在地越远，变化就越大。秦居西周故地，基本上继承了西周文化，其文字形体也与西周金文一脉相承，，结构上的变化并不明显。而六国文字则变化比较大，自西向东，与西周金文差距越来越大。所以，人们习惯把战国文字分成两大系，即西方秦系文字和东方六国文字。六国文字具有以下几个特点；

（1）地域性差异较大。到战国时期，各国的字形结构产生了很大分歧，带有很强的地域性。

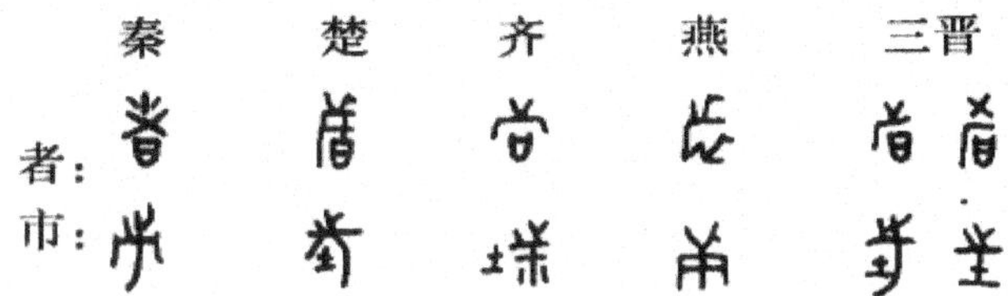

图 1-11 战国时期地域差异的汉字

（2）同一地域国别内部的异写异构现象也很普遍。战国时期，文字异形现象不仅在政治区划、地理环境等造成的字形差异，而且表现在同一系别内部不同文字材料的分歧，甚至同一个字也呈现出一定的差异。

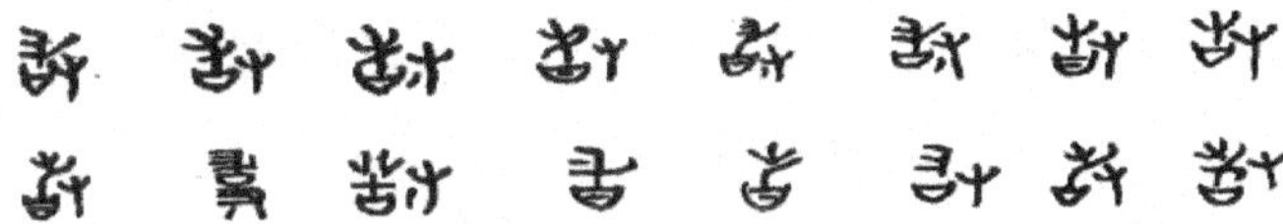

图 1-12 战国异写异构现象

（3）部分文字带有装饰性笔画或构件。战国是文化上“百家争鸣”的时代，也是人们追求艺术和美的时代。反映在文字上，就是常常添加一种装饰性笔画或构件以追求文字的艺术美。

（4）简化倾向十分明显。由于当时的正统文字不便于快速书写，于是就对形体繁琐的字形予以简化。

尽管六国文字存在着非常明显的地域国别差异，但这种文字异形大多是字体风格的差异，不是构形系统本质不同。

（四）秦系文字（大篆 小篆）

周平王东迁后，秦迁都于雍(今陕西凤翔附近)，承袭了四周故地，也承袭了西周的文化，因此春秋、战国时的秦文字和西周文字是一脉相承的。秦统一六国，结束了战国时期诸侯割据的局面，便以秦文字为基础规范全国文字。秦文字便成为汉字的正统和主流。秦以后汉字的演变也是在经秦规范后的秦小篆的基础上发展的，因此，对秦系文字的研究较之六国文字更为重要。

1. 大篆

大篆有广义和狭义两种解释。广义的大篆指所有的古文字，包括甲骨文、金文和其他古文字，狭义的大篆指春秋、战国时期的秦文字。秦系文字，指秦国自春秋至战国及秦统一中国以后秦王朝的文字。

在文字学史上，一般称秦统一中国以前的秦文字为”大篆”，秦统一后的规范了的文字为“小篆”。

大家可以通过春秋金石器物，留传至今《说文解字》中的籀文、石鼓文、诅楚文和秦公钟、秦公鏄、秦公簋上的金文了解大篆。

（1）籀文

传说是西周晚期周宣王时太史籀所编《史籀篇》上的文字。

（2）石鼓文

石鼓文是指春秋、战国时期秦国刻在石鼓上的一种文字。所记石鼓，就是采用 10 块鼓形石头，高约 90 厘米，直径约 60 厘米。每个石鼓上刻有四言韵文的诗一首，内容主要是歌颂贵族的狩猎游乐生活，又称“猎碣”(碣，特立之石，方为碑，圆为碣）石鼓。于唐初在天兴（今陕西宝鸡）三原出土，现存北京故宫博物院。按原石推算，10 石上应有 600 多字，但经风化磨损，已经残缺不全。现存的北宋拓本有 465 字，而今在石鼓上实存 321 字。石鼓文一部分结构整复，近似籀文，另一部分结构比较简单，接近小篆，是上承籀文，下启小篆的过渡形体，大体可以看做是春秋、战国间的秦国标准文字。

（3）诅楚文

《诅楚文》相传为秦石刻文字。战国后期秦楚争霸激烈，秦王祈求天神保佑秦国获胜，诅咒楚国败亡，因称《诅楚文》。《诅楚文》刻在石块上，北宋时发现三块，根据所祈神名分别命名为“巫咸”、“大沈厥湫”、“亚驼”。《诅楚文》有较高的文学价值、史料价值和书法价值。但由于史书没有记载《诅楚文》刊刻于什么时代，因而造成后世学者的争论。诅楚文的字体与石鼓文基本一致，但更接近小篆。

（4）大篆的特点

上承西周金文，下启小篆，脉络清晰。以秦始皇典型代表“石鼓文”为例，其体势、章法、格调以至一些字的具体写法，上与周宣王时代的《虢季子白盘》铭文相接，下与秦始皇时代的《泰山刻石》等小篆相通，它是西周金文演变为秦代小篆的过渡文字，是战国文字中最能继承西周金文的一派。

形体结构规整繁复。其规整表现在笔道形态是藏头护尾、粗细等匀的“玉箸”线条，或圆转，或笔直，字体十分规范，向更加脱离图画性质的小篆发展；偏旁部首的位置基本固定，笔画不能任意增减，部件不能随便移易。其繁重表现在一个字里，同一偏旁往往重复出现，有大量的形体繁叠重复的合体字。

2. 小篆

指秦始皇统一中国后实行政策而颁行的标准字体，又称秦篆。

小篆也叫秦篆，是秦始皇统一中国后实行“书同文”政策时所采用的标准字体。

秦始皇统一中国后，为了便于对六国进行统治，着手进行了度量衡和文字的统一工作。《史记·秦始皇本纪》记载，秦始里二十六年统一中国后，李斯奏定：“一法度衡石丈尺，车同轨，书同文字。”李斯等人是以秦国原有文字作为统一的标族，首先废除一切与秦文不同的俗体、异构，只保留其中与秦文一致的部分，然后依照李斯所作《仓颉篇》等字书写出标准字体即小篆的样板，广布天下推行。

小篆的特点：

（1）比较全面地保留了汉字的构形理据。早在战国文字多歧异的时代，秦国文字就较好地继承着西周金文的传统。而在秦统一六国后，李斯等人在标定小篆时，又以本国文字为蓝本并参以正统的籀文。小篆作为正体古文字的终结，较为全面而系统地保持了汉字寓义于构形的本质待征。

（2）文字形体定型化

小篆一般每字只规定一种统一的写法，从而减少了异体字。例如“串”字，小篆以前有过多种写法，小篆只采用笔画最简单的一种写法，其余的都作为异体字而废除了。特别是小篆省略的某些字的偏旁，淘汰了各种合文。小篆还固定了偏旁部首的写法和位置，不管偏旁部首在什么位置上，其写法一律相同，不得增减笔画或变化构形。偏旁部首位置一经确定，便不允许随便移易。在文字定型化的过程中，还使许多变体字取得了合法地位。

（3）字形进一步符号化

小篆形体由粗细等匀的曲线和直线构成，书写要求整齐端正、笔画分布均衡、字体大小相同，最终，古汉字那些“画成其物”的象形字、象形偏旁和以形会意字通过高度抽象、线条和符号变化，图画性就大大减弱了。

（4）结构上更多地使用“形声相益”的方式

小篆时代新增加的字，绝大多数为形声字，其中形声字占了总字数的80%以上。秦始皇利用政权的力量推行小篆，对古汉字进行了一次全面的整理、加工和改造，第一次使官方正式字体实现了标准化、规范化，很快结束了长期以来“文字异形”的局面。从文字的发展看，小篆是古文字阶段的最后一种字体，是古文字通向今文字的栈桥。要研究古文字，要探究汉字的渊源，必须利用小篆，所以它的历史地位是十分重要的。

四、汉字易错原因分析

（一）错别字成因分析

所谓错字，指的是任意增减笔画，变换构字部件，在字典里无法查找的字。

所谓别字，指本应写这个字，却由于形近、音近或义近等原因写成了另一个字，字形本身没有错，可以字典里可以查到。

汉字极易写错与汉字历史悠久、汉字形体复杂、同音字数量多有着密切的关系。汉字在发展成为今文字以后，原来象形字或象形部件多数已看不出它所描摹的事物的形体；会意字已不易理解原来的造字理据；形声字中存在大量形符或声符相同的字，这些字往往因形体差别不大而混淆；另外，汉语音节有限，同音字多，容易造成音近误写。

造成错别字的原因具体表现如下：

1. 象形字由于形体的变化不能看出它所描摹的事物而造成错字或别字。

如“耒”字金文作“[illegible]”，描摹的是用来耕地翻土的状如木叉的农具，所以和农具或农业生产相关的字往往用“耒”字作形旁，如“耘、耕、耜、耧”等等。后来由于农具的演进，加上汉字隶变，象形成分越来越少，“耒”字已看不出农具的样子。在使用时有人会将其与“来”字相混，用作偏旁时容易将其写成“来”、“木”、“禾”、“未”等，造成错字。

2. 由于不了解会意字字形最初的造字构思而造成别字或错字。

如“染”字由三个部件构成：“氵（水）”、“九”和“木”。“水”表示染色离不开水；“九”指数目，表示染色的过程要经过多次重复;“木”与古代染料多数取自植物有关。了解了“染”字的由来，就不会将部件中的“九”字写成“丸”。再如“涉”字，甲骨文作“[illegible]”，本义是徒步过河，所以从“水”。“水”上下为一正一反的两只脚(“止”本是象形字，象人脚之形)，表示跨过河流，理解这一点，就不会把“徒”右下的部件写成“少”了。

3. 由于对形声字的形符缺乏理解而造成错字或别字。

如“恭”字表示的是一种心理活动，“共”是声符，下面的偏旁是“心”的变体“⺗”。在恭的篆体 𢙏 中，还能清楚地看到心字 𢖩 。汉字隶变以后，“恭”下部分才由“心”写为“⺗”。现代人不容易理解，因此往往将其写成“小”，造成错字。再如“肓”字，古代医家将心脏和隔膜之间的地方称做“肓”，“亡”是声符，下部从“肉”，由于文字形体的演变，古文中的“肉”在做偏旁部首时写作“月”。若不明白这一点，容易将“肓”字与“盲”字相混。

4. 由于对形声字的声符不加分辨而造成错字或别字。

如“纸”是以“氏”为声符的形声字，“底”是以“氐”为声符的形声字，如果不加分辨，会以“氐”为“纸”的声符，以“氏”为“底”的声符，点画之差造成错字。

5. 形声字的声符由于语音演变，失去标音功能而造成错字。

如“九”字古音与“鬼”相同，所以古代将其用作“轨”、“宄”等字的声符。由于语音的演变，现在这两个字的声母、韵母都不相同，因此易将“轨”、“宄”中的声符“九”写成“丸”字。

6. 受上下字的偏旁影响，产生类化作用而造成错字。

如“社稷”一词中，“稷”受前一个字“社”的影响，而写作“禝”。“编辑”，“辑”受“编”影响，被写成绞丝旁，“编辑”被误写为“编缉”。

7. 由于汉语音节有限，同音字多，造成音近而误。

普通话语音由 21 个声母、39 个韵母、4 个声调组合而成的，共有 1300 多音节，用以标读 7000 个现行汉字，势必造成了大量的同音字。例如：单音节 yi 有 88 个同音字，常用的字就有 40 多个，如议、易、意、义、异、益、亿、艺、译等。双音节 gongshi 就有“公式、公事、公示、工事、攻势、宫室”等同音词。

字音也是汉字造字的一个方法，如形声造字法：以“胡”这个音为字根，加上不同的部首，会造出各种同音字：湖、瑚、蝴、醐、鹕等等；以“羊”为字音的字有徉、佯、样、洋、痒等等。这些字发音相似，字形相近，为词语的正确书写带来一定的难度。

音近而误有以下几种类型：

（1）音同形义不同

“贡献”写成“供献”

“刻苦”写成“克苦”

“连带”写成“连代”

“本意”写成“本义”

（2）音同形近

“烦恼”写成“烦脑”

“高粱”写成“高梁”

“脉搏”写成“脉博”

“发轫”写成“发韧”

（3）音同义近

“考察”写作“考查”

“处置”写作“处治”

“擅长”写作“善长”

“掠夺”写作“略夺”

（4）音形义相近

“急躁”写成“急燥”

“撤销”写成“撤消”

“诀别”写成“决别”

“摩擦”写作“磨擦”

（二）如何避免写错别字

1. 理解并掌握形体相近容易混淆的构字部件

如“陷”、“馅”、“焰”等字的偏旁“臽”，甲骨文作“[illegible]”，是会意字，像一个人落人陷阱之中，即“陷”的本字，其上部是一个人的变体。而“滔”“韬”“蹈”等字的偏旁“舀”上部是“爪”，下部是“臼”，表示人从臼中取物。理解了这两个偏旁的来源，区别其读音及字形的不同，可以帮助记住一批字，防止误写。

2. 分析并理解现代汉字中尚可理解的会意字

大多数汉字的造字时间都比较长，由于字形的演变，一些字的造字理据往往难以分析，但仍有不少会意字还可以理解，对这些字加以分析，可以帮助识记，避免误写。如“徙”与“徒”字形相近易误。“徙”是一个会意字，左边是“彳”，表示行走、道路相关，右边是“步”的变体，即一前一后两只脚，所以会意为迁徙之意。“徒”是形声字，徒步行走的意思，右上角的“土”是声符。

3. 分析并理解形声字的形符

与会意字一样，形声字中所包含的形符由于字体的变迁，有些已经难以理解，但多数形声字的形符仍能够透露一些信息，为我们正字提供帮助。如“券”字，原指契约。古人将契约刻写在木片上，然后剖开，双方各执一半，核对时将二者合在一起，以为凭信。因此“券”字与刀密不可分，故以“刀”为部首。理解这一点，就不会将该字下的“刀”写为“力”。再如“管”与“菅”二字形近易误。“管”本指管乐器，用竹制成，所以为竹字头；“菅”为草字头，是一种茅草，茅草不受重视，所以有成语“草菅人命”，比喻不把人的生命放在眼里。

4. 分析并理解形声字的声符

虽然由于汉语语音的演变，不少形声字的声符已失去其标音的功能，但有些声符和该字的现代读音相同或相近，利用这一特点，可以帮助我们辨别形近字，防止误写。如“货”与“贷”字形相近，但“货”字以“化”为声符，“贷”字以“代”为声符，容易分别。再如“沦、论、抡、轮、伦、纶”等字以“仑”为声符，“沧、苍、伧、舱、怆、创”等以“仓”为声符，虽然字形差异较小，但读音分别明显，注意到这一点，就不致混淆。

综上所述，汉字历史悠久，字形经过多次演变，到今天的现代汉字，许多字已经看不出造字时的本义或理据所在。学习汉字、正确书写汉字，了解汉字的历史，了解一些汉字背后文化，懂得一点儿造字法的知识，从字源、词源的角度去掌握汉字，是一个很好的办法。

第二章　承传繁衍，发展变革：易错字的“今生”

“现代汉字”这个术语早在20世纪50年代初就出现在语言学的文献当中，但是人们对它的理解并不完全一致。有的人从汉字形体结构的演变着，以秦代小篆和秦汉隶楷作为分界线，把小篆和小篆以前的汉字称为古文字或古代汉字，把隶楷以来的汉字称为今文字或近代文字。朱德熙在《中国大百科全书·语言文字卷》“汉语”这一条目中说：“汉字的发展可以划分为两个大阶段，从甲骨文字到小篆是一个阶段，从秦汉时代的隶书以下是另一个阶段。前者属于古文字的范醇，后考属于近代文字的范畴。大体说来，从隶书到今天使用的现代汉字形体上没有太大的变化。”

但是现在还在使用的汉字叫做近代汉字，和一般人对“近代”的理解有所差距。由于“五四”以来的汉字在形体上有些新的特点，有人把它作为一个小阶段独立出来，并仿照现代汉语的定名而称之为现代汉字。如此说来，现代汉字指的是字体发展中的属于今文字阶段即隶楷阶段的一个小阶段。

对“现代汉字”的另一种理解，是着眼于汉字记录的语言。用汉字记录的书面语有两大类：一类是文言文，一类是白话文。文言文记录的是古代汉语，白话文记录的是近代汉语（古代白话文）和现代汉语（现代白话文）。由于记录语言不同，所用的字也就不完全相同。有些字是文言文专用的，有些字是现代新产生的，只用在现代白话文中。因此就可以根据汉字所记录的语言的不同把现行汉字分为两类；一类是古今通用的字和记录现代汉语专用的字，叫做现代汉语用字，简称为现代汉字；另一类是记录古代汉语专用的字，叫做古代汉语用字，或者叫文言古语用字。当然，这里所说的古代汉语用字，并不等于古代汉字，指的不是甲骨文、金文等古文字，而是现代使用的标准字．其中还包括简化字，只因为它们记录的是古代汉语。

一、现流通文字

我国的汉字改革运动有漫长的历史。从清末到新中国成立前，许多爱国人士提出过许多关于文字改革的方案，积累了不少宝贵的经验。特别是辛亥革命以后产生的国语运动、简化汉字、国语罗马字运动和拉丁化新文字运动，对汉字改革起过重要的作用。

（一）汉字简化

1．汉字简化的内容

汉字简化包括笔画的简化和字数的简化两个内容。

笔画的简化，是用简化字代替繁体字。例如用“车”代替

"草"，用"尘"代替"屋"等。

字数的简化，是对汉字进行整理，废除那些不必要的汉字。例如采用"布"，废除异体字"佈"；采用"角"，废除旧印刷体"角"等。

2．汉字简化的方针

汉字简化的方针是约定俗成，稳步前进。约定俗成，简单地说，就是从群众中来到群众中去。要在群众中已流行的简化字的基础上进行简化，要采用群众创造并且已经习惯运用的那些简化字，对群众中流行不广或新创造的简化字要经过群众广泛讨论，然后决定是否采用。稳步前进，是分期分批有计划地进行简化。30年来，汉字简化工作就是按照这个方针进行的。

（二）笔画的简化

1．公布过的字表

几十年来，公布过五个有关笔画简化的字表。

(1)《汉字简化方案草案》1955年1月拟订。

(2)《汉字简化方案》1956年1月8日国务院全体会议通过并正式公布。《方案》分3个表，其中两表共收简化字515个，三表列简化字偏旁

(3)《四批推行的简化汉字表》《汉字简化方案》公布后，分四批推行，并对原方案作了某些调整。

(4)《简化字总表》收录《汉字简化方案》全部简化字，并对一些字作了调整，对部分简化字和简化偏旁使用范围作了变动。1年后重新公布时，对个别字作了调整，"叠、覆、像"不简化，"暇"不简作"罗"，而简作"哆"。其中第一表收不作偏旁用的简化字350个；第二表收可作偏旁用的简化字132个和14个简化偏旁；第三表收1753个简化字，是二表的简化

字和简化偏旁在《新华字典》所收字范围内类推。

《总表》对前一段笔画简化工作起了总结的作用，大量地简化了笔画。其中一、二表的繁体字平均16画，简化字平均8画；三表的繁体字平均19画，简化字平均11画。《总表》拟定了偏旁类推简化的范围，确定了每个简化字的规范写法，直到今天仍然是汉字规范化的重要依据之一。

(5)《第二次汉字简化方案(草案)》1997年12月20日公布。分两个表，共收简化字随853个，简化偏旁61个。公布后听取各方意见。为了使汉字在一个时期内相对稳定，便于社会应用。国务院于1978年6月24日发出通知，确定不再推行。

2．简化的方法

汉字简化的方法，从不同角度，可以分成不同的类型。根据群众创造简化字的经验，可以分成八种方法。

(1)形声法：指用形声构造的方法简化汉字。有的简化原形声字的形旁，如“猫(貓)、记(記)”；有的简化原形声字的声旁，如“袄(襖)、担(擔)”，有的形旁、声旁全简化，并换了偏旁的位置，如“惊(驚)、响（響)”；有的把非形声字简化为形声字，如“窜”，形声字，从穴串声，“窜”原来的繁体“竄”，会意字，从穴从鼠会意。

(2)假借法：指用笔画简单的字代替笔画复杂的同音字或近音字。有的是同音代替，也有近音代替。被代替字废除，或者代替字增加被代替字的读者，从而发展成多音字。

(3)草书楷化法：指把草书的写法改成楷书的形式。例如：书(書)、长(長)、专(專)，这类字在简化字中数量较少。

(4)特征法：指用原字的特征部分作简化字。例如：医(醫)、声(聲)、飞(飛)、录(錄)。

(5) 轮廓法：指用原字的轮廓作简化字。例如：卤(鹵)、齿(齒)、伞(傘)、夺(奪)。

(6) 符号法：指用笔画简单的符号代替原字中的繁难部分。例如：汉(漢)、难(難)、艰(艱)、枣(棗)、馋(饞)。

(7) 会意法：指用会意构造的方法简化汉字。例如：尘(塵)、笔(筆)，这类字很少。

(8) 偏旁类推法：指用已简化的字或偏旁类推简化。例如："馬"简化为"马"，驮(馱)、驰(馳)"等也类推简化。这种方法简化的效率很高。

（三）字数的简化

字数的简化，主要指对汉字的整理。建国以后在整理异体字、整理印刷通用汉字以及废除生僻地名用字等方面，都作出了成绩。

1．整理异体字

异体字是同音同义而异形的字，如"帮(幫 幇)、奔(犇 逩)"等。异体字的存在，只会增加人们的负担，没有一点积极作用。例如，本来学习一个"并"就可以了，因为有异体，就要另外学习"幷"和"竝"，印刷厂也要多准备铅字。因此，异体字必须整理。

文化部和文字改革委员会1955年12月公布了(第一批异体字整理表)。该表共整理异体字810组，作为异体废除。除翻印古书，写姓氏、商店牌号等可以使用外，一般书报、杂志一律不能使用。这个字表也是当前汉字规范化的重要依据之一。

2．整理印刷通用汉字

过去印刷体和手写体不统一，印刷体本身也不完全统一，这种不统一现象，不仅给印刷厂增加麻烦，而且给人们学习和运用汉字增加了负担。1965 年 1 月 30 日文化部和文字改革委员会确定推行《印刷通用汉字字形表》。这个表收印刷通用汉字共 6196 个，规定了每个字的笔画、笔数、笔顺和结构，作为统一字形的规范。

3．废除生僻地名用字

生僻地名专用字，当地人不感到生疏，外地人却不认识，给人们增加了不必要的负担。1958 年 10 月 17 日文字改革委员会发出《更改一部分生僻地名的建议》，提出全国 50 个县名的更改建议。例如：贵州鳛水县改为习水县，新疆和阗县改为和田县，江西雩都县改为于都县，陕西醴泉县改为礼泉县，等等。

还有不少生僻地名专用字，有待于进一步更改简化。

二、汉字的时代特征

（一）简化是汉字形体演变的总趋势

作为记录语言的书写符号的文字，是最重要的辅助性交际工具，入们对它最根本的要求是简明。人们从写的角度来考虑，总是希望文字越简易越好，这样可以节省时间，写得快，而从看的角度来考虑，又总是希望文字越明确越好，这样可以避免误解，正确理解信息。简和明，是矛盾的统一，简是手段，明是目的。人们总是希望在明确的前提下让文字越简易越好。因而在文字演变的过程中，虽然也出现一些为了明确而繁化的情况，但是文字演变的总趋势是简化。

汉字形体演变的总趋势也是简化。从字体的演变情况来看，汉字从古文字的图画性的象形文字，逐步演变成今文字的不象形的书写符号；笔形从古文字的类似绘画式的线条，逐步演变成横、竖、撇、点、折的笔画，书写更方便了；许多字的结构和笔画逐步简化，如“秦、奉、奏、泰、春”上部分在篆书中写法各不相同，但在楷书中写法相同而且简化了；甲骨文、金文的异体字特别多，小篆、隶书、楷书的异体字减少了。从楷书内部的演变情况看，也是逐步简化的。

汉字的简化有利于儿童的识字教学，有利于扫盲，有利于汉字的规范化、标准化，有利于汉字的信息处理，受到文化、教育、出版、军事等各界广大群众的热烈欢迎。虽然出现了《第二次汉字简化方案（草案）》的草率公布和后来不得不废止的问题，但是，从总体来说，40 年来的汉字简化工作还是正确的。

（二）汉字在当今社会的性质和特点

1. 现代汉字的性质

汉字的性质指的是汉字区别于别种文字的本质特征。人们基本上采用两种方法来给汉字定性，一种是根据汉字字形所能起的表意、表音等作用来为它定性，主要有表意文字说和意音文字说，此外还有极少数人主张表音文字说。另一种是根据汉字字形所能表示的语言结构的层次（或者说语言单位的大小）来为它定性，主要有语素文字说和音节文字说。

具体说来，看一种文字的性质，首先应当由这种文字所使用的符号的性质来决定。裘锡圭认为，各种文字的字符，大体上可以归纳成三大类，即意符、音符和记号。跟文字所代表的词在意义上有联系的字符是意符，在语音上有联系的是音符，在语音和意义上都没有联系的是记号。汉字绝大部分是合体字，合体字的性质没有发生根本的变化，也就是说汉字的性质没有发生根本的变化。汉字在象形程度较高的早期阶段（隶变以前）基本上是使用意符和音符的一种文字，可以称为意符音符文字（或者简称为意音文字）；后来随着字形和语音、字义等方面的变化，逐渐演变成为使用意符、音符和记号的一种文字体系，可以称为意符音符记号文字。考虑到后一个阶段的汉字里的记号几乎都由意符和音符演变而来。以及大部分字仍然由意符、音符构成等情况，也可以称这个阶段的汉字为后期意符音符文字或后期意音文字。总体说来，汉字是一种意音文字，自古至今性质没有发生本质上的变化。

2 现代汉字的特点

从文字的外形特点看，现代汉字是二维的平面型文字。从字形的结构和数量看，现代汉字笔画繁多，笔画部件组合形式复杂。现代汉字是语意的音节文字，以形声字为主体，但其表义率、表音率都不高，大量汉字成了记号字和半记号字。现代汉字形、音、义关系复杂，同音字、多音字等给汉字的学习和应用带来一定困难。从字形单位同语言单位的关系看，现代汉字字形相当于一个词的占少数，多数情况下，字、词单位不相一致。

这些既是现代汉字的优点同时又是现代汉字的缺点，利弊相生。只有客观地全面地研究现代汉字的一切方面，才能兴利除弊，最大限度地发挥现代汉字的效用。

三、键盘输入时代汉字使用现状

电子计算机技术的迅速发展和普遍应用，把人类社会带进了信息化、网络化的时代。这一时代的主要特征就是计算机和电讯设备相结合，构成跨地区乃至全球的信息网络，把世界联成一个整体。在这个信息传输的过程中，语言文字作为信息的主要载体，其重要性日益突出。因此，语言文字的信息处理成为现代语言学研究的一个重要课题。

简而言之，汉字信息处理就是用计算机处理汉字符号系统的一项科学技术。我国于 20 世纪 70 年代中期明确提出“汉字信息处理系统”的研究，包括编码、输入、存储、编辑、输出和传输。其中汉字输入是实现中文信息处理的关键问题之一，因为汉字不同于拼音文字，汉字数量多，形体样式多，结构复杂，这给汉字进入计算机带来了很大困难。为了突破汉字进入计算机这一瓶颈，人们在寻求新的输出技术的同时，还要对与此有关的汉字属性进行全面而深入的研究。例如在字量方面。为汉字编码研究、汉字码本、汉字库和汉字点阵制定了国家标准《信息交换用汉字编码字符集·基本集》及一些相关标准；在字音方面，对汉语的音节、声母、韵母、声调等作了额度统计；在字形上对《辞海》(1979) 等所收字的笔画、部件、结构进行了分析统计。可见，汉字属性研究与汉字信息处理具有十分密切的关系。

（一）汉字键盘的输入方式

键盘是信息进入计算机的入口，汉字键盘输入就是由键盘实现符号代码的输入。目前计算机信息处理系统中，键盘输入是最主要的输入方式。现有的键盘输入方式大体可以分成三类：整字输入法、汉字编码输入法和拼音汉字转换法。

整字输入法是把整个汉字作为输入符号。一般是将三四千个常用汉字排列在一个有四五百个键位的大键盘上，所以又叫“大键盘方式”。或者做一张字表，每字占一格.用电笔点触一下，输入一字，这叫做大字表输入法。这种输入法操作简单，见字打键，无需记忆规则，只要熟悉汉字在字表上的位置就行，但得要特制键盘，设备笨重，成本昂贵，且输入速度较慢，不适合一般人、一般场合使用。

汉字这个大字符集，数量之大，天下无双。用键盘输入的时候，既然难以像拉丁字母体系文字那样，去给每个字分配一个键位，也不可能专为汉字输入另去设计一种打字键盘，那么汉字的命运注定只能就汉字本身的音、形、义特点和现行计算机设备的特点，来实现汉字编码输入。汉字编码输入法就是把汉字编成一种便于输入计算机的代码，然后利用国际通用小键盘输入代码，再由计算机通过程序将代码转换为汉字字形，输出到显示器上或打印机上。汉字编码主要有字形法、字音法和形音法。

1．字形法

汉字字形法编码，是将汉字形体部件（笔画、偏旁、部首、字根）进行分解编码。字形法置码少，输入速度快，可以方便地输入不认识的字，可以区分同音字。目前应用比较广泛的字形法编码有郑码、王码（即五笔字型法）、太极码、仓颉码等，但都比较难学难记．而且有些字的分解与传统的汉字理论和书写习惯不一致，只适合专业录入人员使用，不易普及。

汉字字形识别是汉字自动、高速输入的一种重要方法，是通过图形扫描器对汉字文本进行扫描来实现汉字输入的。汉字识别的类型主要分三大类：联机手写汉字识别、印刷体汉字识别和手写汉字识别。联机手写汉字识别是员简单的一种汉字识别类型，也是一种较为方便的汉字输入手段。印刷体汉字识别包括单体印刷体汉字识别和多体印刷体汉字识别两小类。手写汉字识别包括手写印刷体汉字识别、特定人手写汉字识别和人机交互式手写汉字识别三小类。我国汉字识别技术自 20 世纪 70 年代末起步，目前已经向实用化发展。每一种类型都有相应的产品上市。

2．字音法。

汉字字音法编码，是用汉语拼音进行编码，一般以《汉语拼音方案》为编码的基础。现在已经实用的字音法编码主要有全拼输入法和双拼输入法。这种编码较易掌握，使用时基本不干扰思维，但重码多，与字形法比起来输入速度要慢一些，并且使用者要掌握汉语拼音，大体会说普通话。拼音编码难以充当唯一的汉字编码输入方案或主要输入方案。

3．形音法

汉字形音法编码，是兼有字形法和字音法编码。正因为如此，它兼有字形法和字音法的优点和缺点，主要问题还是输入速度太慢。

无论哪一种汉字输入编码，都不能不考虑文字的本质，也不能不考虑语言文字学的基本理论和方法。例如，字根的选取是否具有客观性，所拆分的部件是否符合汉字的结构规律等问题，都是不可忽视的。各种编码方案纷纷呈现，其合理程度各有千秋，几乎没有一种是十全十美的。

在应用实践当中，各种汉字输入法都在不断改进、完善，由单字的输入发展到词语的输入，在减少同音字、降低重码率等方面都有所进步。

更理想一点的输入法是拼音的汉字转换法，即汉语拼音输入后由计算机自动转换为汉字，不需要再设计编码方案。输入的拼音以词语、词组或句子为单位，尽量避免单个汉字的选择。使用者无需记忆编码规则，只要会汉语拼音就可以熟练运用。

目前，汉字键盘输入技术已经初步解决了汉字进入计算机的难题，但是，面对众多的输入方法，必须发展相应的评测工作的研究。为此国家有关部门制定了《汉字镶盘输入方法评测规则》、《汉字键盘输入方法评测实施细则》、《汉字键盘输人方法评测用标准试题库》等。通过评测、行政手段和市场竞争等办法，尽快把几百种汉字键盘输入方法统一到少数几种公认符合规范和标准的优秀方法上来。

四、网络错别字类型分析

（一）网络错别字类型分析

汉字录入电脑主要有四种方式：键盘输入、语音输入、手写输入与扫描输入，其中键盘输入是最主要的汉字录入方式。键盘输入法中，音码输入法占主流，如搜狗拼音输入法、百度拼音输入法、QQ 拼音输入法、智能 ABC、智能狂拼等。形码输入法，如五笔字型，因入门较难，并不普及，使用者一般为专业汉字录入人员。依赖于汉语拼音的普及，音码输入法无需另花时间记忆编码规则，初学者极易上手，但是音码输入法重码率极高，更容易产生错别字，有人甚至认为拼音输入法是网络错别字泛滥的罪魁祸首。

上海师范大学耿亮于 2009 年 6 月 17 日到 7 月 26 日期间，对搜狐、网易、新浪、腾讯四大门户网站中的体育新闻进行随机抽样，在 366 个样本中，累计错别字 538 个。这些错别字主要有以下几类：

第一类 选词错误

共计 206 例，其中同音同调，有 74 例，同音不同调有 132 例。拼音输入法，由于重码较多，需要进一步选择所需的字词，这时极易出现选词错误，包括错选同音同调词、同音不同调词两种。同音同调，如将“深厚”误选为“身后”；同音不同调，如将“圈顶”误选为“圈定”。

第二类 多输字词

在输入一整句话时，中间输入了多余的字词。包括多输字、多输词、多输数字、多输字母，共计 114 例，其中多输字有 84 例，多输词有 27 例，多输数字有 2 例，多输字母有 1 例。多输字，"逼至少绝境"中多了个"少"字；多输词，"投中两记三分三分球"中的"三分"重复输入两次；多输数字，将"2014"误输为"20104"，多输了一个"0"；多输字母，"埃托还曾经为许多 N 球员们设计过"，多输字母"N"。

第三类拼音输入错误

包括按键错误、汉语拼音错误、少打拼音字母、多打拼音字母，共计 68 例，其中按键错误 32 例，汉语拼音错误 14 例，少打拼音字母 15 例，多打拼音字母 7 例。其中汉语拼音错误的优先级最高。

按键错误，将"总决赛"中的"决"误输为"结"，将 U 键错按成 I 键。

汉语拼音错误，将"整个"误输成"真个"，前鼻音与后鼻音不分，将"zheng"误拼成"zhen"。

少打拼音字母，将"很"误输成"和"，少打字母"n"。

多打拼音字母，在输入拼音过程中由于多按某个拼音字母对应的键位导致错误，如将"去"误输成"却"，多打字母"e"。

第四类 用词错误

用另外一个相关词语代替正确词语，共 59 例，如将"时候"误输成"事情"。

第五类 少输字词

少输字、少输词，共计 39 例，其中少输字有 31 例，少输词有 8 例。在输入一整句话时，中间少输了字词。少输字"卡特的年薪高达1600（万）美元”，其中少输了个“万”字。“但谁也不能（保证）这就是板上钉钉的事情”，其中少输了“保证”一词。

第六类 词序错位

在输入时将词组中词的位置颠倒，共计16例，如将“并没有”误输成“没有并”。

第七类 不确定错误，共计35例。如将“会让”误输为“会认”，该错误仅从字面上无法辨别具体属于哪类。

在四大门户网站的错别字样本中总计有35例“不确定错误”样本，占总样本数的6.51%，其中搜狐有8例、腾讯有8例、网易有3例、新浪有16例。对汇总后的“不确定错误”样本进行再分析，情况如下：

1. 用简拼进行鉴别，有1例样本可能属于简拼模式下的选词错误，在正确输入“在了”的简拼“zail“后，误选了“再来”一词。

2. 将“两个月之后”误输为“之后连个月”，这里有两种错误，一是属于“拼音输入错误”中的“少打拼音字母”，将“两”误输为“连”；二是属于词序错位，将“两个月”与“之后”两个词组的次序颠倒。

3. 有6例错误属于受上下文干扰而导致正字未能输入，如在“顽强的新西兰的（队）门将”一句中，受前文“的”字的干扰，将后文的“队”误输为“的”。在“两名国脚主（入）选主力阵容”一句中，受后文“主”字的干扰，将前文的“入”误输为“主”。

4. 有6例样本属于因连续重复输入汉字而导致正字未能输入，包括“早上上赛季（早在上赛季）、直通通滨（直通横滨）、不看看出（不难看出）、近来来（近年来）、沃尔斯斯堡队（沃尔夫斯堡队）、历史上上（历史上最）等。

5. 有 9 例样本属于固定词组中错一个字，包括“在名（几名）、的换（兑换）、从多（许多）、哟阿明（姚明）、无任（无比）、开成（开始）、场也（场地）、五里雾中（云里雾中）、国爱队（国家队）”等。其中哟阿明（姚明）是由于将“姚”误输为“哟阿”，场也（场地）一词有可能是某类形码错误。

作者同时对网络聊天错别字情况进行调查，2009 年 7 月 29 日到 10 月 11 日期间分别对蓝色星空（四川大学 BBS）、逸仙时空（中山大学 BBS）、饮水思源（上海交大 BBS）、水木清华（清华大学 BBS）四大高校进行了取样调研。调研抽取样本帖总计 999 个，累计网络错别字 1150 个。分析调研数据。发现大学生网络聊天错别字主要存在以下情况：

第一类 选词错误

同音同调、同音不同调，共计 742 例，其中同音同调有 247 例，同音不同调有 495 例。

第二类 拼音输入错误

按键错误、汉语拼音错误、少打拼音字母、多打拼音字母，共计 164 例，其中按键错误 57 例，汉语拼音错误 66 例，少打拼音字母 27 例，多打拼音字母 14 例。

第三类 多输字词

多输字、多输词、多输句子，共计 113 例，其中多输字有 86 例，多输词有 26 例，多输句子有 1 例。多输句子即在输入一整句话时，中间输入了多余的句子，如“（我是来自学院专业的级的）我是一名生命科学学院的研究生”一句中，前面多输了“我是来自学院专业的级的”。

第四类 用词错误

共 33 例。

第五类 少输字词少输字

共计 22 例，全部为少输字。

第六类 词序错位

共计 15 例。

第七类 形码错误

共计 9 例。该错误主要与形码输入法有关，因编码相近而误。如使用五笔输入将“狼”误输为“狠”、将“年”误输为“牛”。

第八类不确定错误，共计 52 例。（耿亮《拼音输入法视角的网络错别字研究》2010.4）

（二）网络错别字的成因分析

1. 混淆拼音致误

混淆拼音致误与混淆字词致误是有一定区别的，混淆拼音致误是不识汉字的音，而混淆字词致误是不识汉字的形或义。将网络新闻与网络聊天错别字中的汉语拼音错误进行分别汇总，主要存在三类较为常见的错误：前鼻音与后鼻音不分、平翘舌不分、韵母“ou”与“uo”的读音不分。汉语拼音错误首先是由于输入者对正确拼音掌握不牢固导致记不住或遗忘现象，另外存在于大脑中的其它相关汉语拼音对正确拼音产生干扰或者受方言等因素的影响。

2. 潜意识思维混乱致误

潜意识思维混乱致误现象表现为输入与正确词组相关的其它词组，如将“转会”误输为“转换”、将“合理”误输为“合同”，将“时候”误输成“事情'，将“姚明”误输为“火箭队”等。这类错误一般跟传统用词错误中的记忆、遗忘以及混淆无关，属于“打字”时潜意识思维混乱引起的，使用者如果复查一般都能够发现错误。

3. 思维惯性致误

打字时存在一些惯性致误现象，其中多打拼音字母较为常见，多打拼音字母表现为手指在完成正确字母的输入后未能及时停止按键动作，又另外多按了其它字母。多打末位字母在多打拼音字母中的概率极高。打字时的惯性致误现象是由人脑思维惯性引导手指动作惯性而产生的错误。

4. 动作不到位致误

击键力度不够导致击键无效。

漏按某个拼音字母对应的键位。

按键错误，即由于手指定位不准，错按相邻或相近键位。

前两种动作不到位情况主要表现为少打拼音字母、部分少输字词等。

5. 选词错误

选词错误是网络错别字主要成因。选词错误主要有以下三种情况。

按数字键错误。由于数字键远离键盘中心区域，手指对键位定位不准确，选词时按错数字键。如误将“2”错按成“1”或“3”，导致选错词。

选词错误与现行输入法动态词库功能有一定关系。动态词库功能，一方面提高了拼音输入法的首词命中率，另一方面也导致了候选窗口中的字词排序会有变化，尤其是首词不像以前那样固定不变，输入者如果凭经验进行选词操作误认为首词没变，就会出现错误。

另外，随着拼音输入法首词命中率的不断提高，输入拼音后再选词的概率比以前大为降低，也就是说，现行智能输入法的平均输入速度加快，输入者大部分时间处于顺畅的拼音输入思维模式：先输入拼音字母，然后按空格键输入首词。当这一步骤重复数次后很容易让输入者产生思维惯性并导致习惯性动作，拼音输入后即按空格键，一旦需要选词时，错误自然就出现了。

人脑用语言进行思考，思考时只要“字音”对了即可，根本不用去考虑“字形”。而拼音输入法在首词命中的情况下只要正确输入拼音即可，在顺畅的拼音思维模式下，人脑很容易产生一种假象拼音输入正确了即“字音”对了，输入就对了，从而忽视了对字形的判断。

但是，不管是何种原因造成网络错别字，都是由输入者的主观意念决定的，只要输入者提高认识摆正心态，就可以有效避免此类错误。很多人认为在网络聊天时只要不影响理解打一些错别字无所谓，而在学习、工作场合自然会认真对待。这样的想法并不可取。如果经常打错别字，那么这种打错字的经验会对正确的知识与经验产生负影响。

第三章　知其然，知其所以然：现代语境中常见易错字辨析

一、偏旁部首探源篇

1. “脍炙”为何指美味——月字旁与肉字旁

脍炙人口，这个使用频率极高的成语，在使用过程中经常会出现书写错误。将“脍”写作“烩”，或者“炙”的上部分少写一点，写成“炙”。如果我们了解了“脍炙”这个词的由来，便不会犯这样的错误。

脍、炙，其实是两种肉。脍，切细的肉。《论语》孔子在谈到斋祭用的食品时说“食不厌精，脍不厌细”，意思就是准备斋祭食物时粮食越精致越好，肉类切得越细越好。炙，是火上的烤肉，成语“残羹冷炙”，“羹”是带汁的肉，“炙”是烤肉。

脍、炙都是美食，是人人都爱的东西，“脍炙人口”比喻好的诗文或事物为众人所称赞。

其实脍、炙这两个字里真藏着“肉”。观察篆体 ，你会发现“脍”的左边与“炙”的上边其实是同一个部件 ，这便是“肉”字，这个肉在偏旁中被写成了“月”。“肉”为什么会被写成“月”呢？

甲骨文里的“肉”和“月”均是象形字，分别写作“ ”和“ ”，形体原本有着明显的差异，但是到了小篆“肉”写作 ，“月”写作 ，字形就极为相似了。肌肉之“肌”、月色朦胧之“朦”的篆体 和 ，左边的肉字旁与月字旁的写法几乎一模一样。在《说文解字》《康熙字典》里，肉部与月部还是分离的，到了现代字典、词典中为了检索的方便将它们被归为同一部首：月部。

图 3-1 “肉”“月”小篆字体

但是，稍有文字常识的人，还是可以从字义、词义上加以区别，像与人动物身体部位和器官有关的腿、脚、肚、腰、腹、肝、肠、胆、肺等字中的“月”都与“肉”有关，本为“肉”字；而朗、期、朔、朝、朦、胧等字，才是真正的月字旁，与时间或明亮之义有关。

另外，当“肉”出现在字底部的时候也写作“月”，如：背、肾、肴、膏、肓等。汉字“有”，，便是手中拿着一块肉，意思为手中有物。成语“病入膏肓”中的“膏肓”同样与“肉”相关，古时以心尖脂肪为“膏”，心脏与隔膜之间为“肓”，膏肓之间是药力不到之处，以此喻指事情到了无可挽回的地步。

有这样一个笑话。小孩子问家长：“脸，为什么是月字旁？”家长答：“古书上形容人长得好看，就说面如满月。面就是脸，所以用月字旁。”于是孩子说：“哦，我知道肚为什么也是月字旁，因为爸爸的肚子像满月，那为什么脚也是月字旁呢？”家长语塞。闹出这样的笑话，原因在于不知道月字旁的由来。

了解月字旁的由来之后，再来写“脍炙人口”，就不会把它写成“烩炙人口”或者“脍灸人口”。因为“脍”从月（肉），是切得极细的肉，“烩”从火，是一种烹调方式。而“炙”是火上烤肉，上边是两点的“月（肉）”，写成一点的“夕”，就变成火上炙烤黄昏了。

2. 两点·三点·四点——冫氵灬溯源

中国网 旅游中国 travel.china.com.cn 中国旅游外宣第一品牌

首页 中国旅游发布 专栏 业态 数据 舆情

首页> 旅游中国> 滚动新闻

黄山给十余万名宾客新年礼物：日出云海和雾淞

发布时间：2017-02-03 16:02:17 | 来源：中国网 | 作者：方立华 | 责任编辑：纽耳

图 3-2 “雾凇”错写为“雾淞”

2017 年 2 月 3 日，中国网发表这样的一篇新闻稿《黄山给十余万名宾客新年礼物：日出云海和雾淞》。雾凇很美，但千万不要将“雾凇”错写为“雾淞”。

雾凇，是一种北方冬季常见的自然现象。这种自然现象早在《春秋》中就有记载:“（成王）十有六年春，王正月，雨木冰”（《春秋·成公十六年》）。杨伯峻先生的《春秋左传注》对“木冰”做如下解释：“木冰即气象学之雾凇，于有雾寒冷天气下，凝聚于树木枝叶，白色松散而似雪者。俗称树挂。汉人谓之‘木介’，唐人谓之‘树介’、‘树架’、‘树稼’。”“雾凇”最早见于晋代吕忱所著的辞书《字林》:“寒气结冰如珠见日光乃消，齐鲁谓之雾凇。”可见雾凇一词由来已久，而且从古至今只有一种写法。“凇”为何从“冫”，不从“氵”，当然与其意有关。

现代汉语中的两点水“冫”是由“仌”演变而来的。“仌”，古“冰”字，甲骨文为 ，象形字，构形源自屋檐下的冰凌或水中棱起的冰面。从“两点水”的字大都与冰寒有关，如冻、冷、凄、凉、凋（岁寒而凋）、冶（像融化冰那样销熔金属）。

当“仌”写于下部时就演变为“⺀”，如寒、冬。

寒（ ），上从宀，中间是人，人的四周是卄（古“草”字），表示以草御寒，脚下踩着仌，强调寒冷。

冬（ ），从仌从夂。夂，古“终”字，仌，古“冰”字，会意为一年中最寒冷的、最后的季节。《说文解字》释为“四时尽也”。

现代汉语中的三点水“氵”则由“水”演变而来，凡从“三点水”的字大都与水有关，如泛滥、滂沱、潋滟、澎湃、浩瀚、洋溢、潆洄等。

知晓冫氵这两个偏旁的由来，我们就可以轻松辨析以下形近字：冽、洌，冷、泠，凇、淞。

冽，寒冷。凛冽，冷冽。《诗·小雅·大东》有诗云“有冽氿泉，无浸获薪”，氿，guǐ，《尔雅·释水》注:氿，泉穴出，仄出也。这句诗的意思是：横流的泉水啊多么冰寒，砍伐的柴薪不能被水浸湿。左思《杂诗》:“秋风冽冽，白露为朝霜。”冽冽，形容秋风凛冽。宋玉《高唐赋》：“冽风过而增悲哀。”

洌，形容水清澈。如：甘洌、洌泉。因为酒也是液体，类似于水，所以“洌”也可以形容酒，如“洌酒”即清澈的酒。欧阳修《醉翁亭记》：“泉香而酒洌。”

柳宗元《小石潭记》是历年初中语文教材的必选篇目。文中“水尤（qīngliè)”：人教版为“清冽”，苏教版则写为“清洌”。从原文语境来看，用“清洌”更为准确。首先，原句为“伐竹取道，下见小潭，水尤清冽”，显然是从视觉的角度来写眼中的小潭；其次，下文写道“全石以为底”，“潭中鱼可百许头，皆若空游无所依”，都在于体现水质格外清澈，而丝毫没有表达寒冷之意。

泠、泠，前者从“冫”，后者从“水”。“清泠”比“清冷”少了冷清与寒意，一般形容水清澈凉爽，也可以形容声音。如“月光清泠”，是描写月光如水般清澈明亮。

杭州“西泠印社”常被误读或误写为“西冷印社”。西泠印社得名于西泠桥，与水相关，与冷无关。元朝陈旅《题扇面》诗云：“一段寒香吹不尽，西泠残月角声中。”此处“泠”，切不可写作“冷”。

同样，“雾凇”为空气中的水汽遇冷凝结在树木上的冰晶，当然是两点水的“凇”，而非三点水的“淞”。“淞”仅用于河流名，如发源于江苏、流经上海、汇入黄浦江的吴淞江（吴淞江进入上海市区后被称之苏州河）。

汉字偏旁除了“两点”冰与“三点”水，还有一个四点底“灬”。四点底由“火”演变而来。在楷书中，“火”作为偏旁有三种写法：一为“灬”（火字旁），如“灯”“烛”；二为“火”（火字底），如“烫”“灸”；三为“灬”（四点底），如“热”“烈”。四点底的字一般与火、烹调有关，如烹、煮、焦、煎、熬、熏、熟、照、熙等。但并非所有的四点底汉字都与火有关，如“燕”，象形字，甲骨文为，金文为，小篆为，“燕”底部的“灬”其实是燕尾变来的。再如“杰”，“杰”其实是简体字，繁体字写作“傑”，左边“亻”表意，右边“桀”表示读音，与火并没有关系。所以，以偏旁部首辨析汉字是个非常有效的方法，但是也不能生搬硬套，毕竟汉字从古自今字体已经发生了很大的改变。

3.“阴阳”为何是耳刀旁——左右耳刀不同源

在现代各类辞书部首检索目录中，双耳旁“阝”都会被分列为“阝左”、“阝右”，这是因为左耳刀与右耳刀虽然形体完全相同，却是从两个不同的汉字演变而来的，含义完全不同。

阝（左耳刀）：→→阜→阝

陵、陡、阶、降、障、阻、隔、险、陷、陆、限、防、阵……

阝（左耳刀）由“阜”演变而来，“陵”的篆体，可以看出左边部首为（阜）。《说文·阜部》：“阜，大陆也。山无石者，象形。”《释名·释山》：“土山曰阜。象形者，象土山高大而上平，可层累而上。”《诗·小雅·天保》：“如山如阜，如冈如陵。”《孙膑兵法·地葆》：“山胜陵，陵胜阜，阜胜陈丘”。可见，阜的本义为大土山。古时将有大石的山称为“山”，无石的土山称为“阜”。但也有学者提出不同看法，认为所画并非土山，而是山崖或阶梯，如《字源》引用了周宝宏先生的解释：“一为无石之大土山，二为山之侧视形，三为山之山坡阶梯之行，当以第三说为是。”

但不管怎样，阝（左耳刀）由“阜”演变而来，凡从“阝左”大凡与山、土堆、山坡、地势有关。

阪，本义为斜坡，成语“如丸走阪（同坂）”，形容形势发展很快，就像在斜坡上滚弹丸一样。

阿（ē），本义为山体凹曲处。陶渊明《拟挽歌辞》：“死去何所道，托体同山阿。”

陬，本义为山坡的角，引申为角落。寒山《诗三百三首》：“荒陬不可居，毒川难可饮。”

隅，本义为山势弯曲险阻的地方，引申为角落，成语“负隅顽抗”，形容依仗某种条件，顽固进行抵抗。

陋，本义为地方的狭窄，《论语•雍也》：“一箪食，一瓢饮，在陋巷，人不堪其忧。”

除，本义为台阶，引申为拾级更易、去旧更新、扫除、去除等义。纳兰性德诗句“尽日东风上绿除”，其中“绿除”，指的就是被春风吹绿的台阶。

陛，本义为帝王宫殿的台阶，敬辞“陛下”，取“在台阶下”之意来表示对帝王的尊从。

隍，本义为护城的壕沟。“城隍”原指的城墙和护城壕，后来泛指城池，又指守护城池的神。城隍庙就是用来祭祀“城隍”（有的地方称城隍神或城隍爷）的庙宇。城隍，一般由有功于地方民众的名臣英雄充当，是汉族宗教文化中普遍信奉的重要神祇。所以“城隍”这个词运用了借代的手法，不要误写为“城皇”。

还有“阴”“阳”都属“阜”，当然也与土山有关。古人以山之南为阳，山之北为阴，如湖南“衡阳”位于衡山之南，陕西“华阴”位于华山之北，湖南“岳阳”位于天岳山之南，山西“山阴”位于恒山之北。

与阝（左耳刀）形相同的阝（右耳刀）则是由另外一个字“邑”演变而来的：→→邑→阝。邦的篆体，可以看出右边部首为（邑）。邑，会意字。甲骨文字形，上为口（wéi），表疆域，下为跪着的人形，表人口，合起来表示人口聚集的城邑。因而，凡从“邑”字多与城邦、封地、地名有关，如都、郡、邦、郊、邻、部、郭、郑、邓……

邻，古代行政单位，五家为邻。《周礼·地官》:“五家为邻，五邻为里。”后指邻近的居住。

鄙，古代行政单位，五百家为一鄙，周制每县五鄙。后指郊野之处，边远的地方

郊：周制距国都百里或五十里、三十里、十里之地。远郊百里，近郊五十里。

邸：诸侯或地方官为朝见而在京都设置的住所，后泛指高级官员住所。

《说文·邑部》共有187个字，这些字中大部分的字后来成为了姓氏，其中现在常见的姓氏有郭、邓、郑、邢、邵、邹、邱、祁、郝、那等。这些字在以前都是国名或封地名，如：邰，姜源氏的封国，周始祖后稷外祖的领地；郯，少昊之后的封邑，出自嬴姓；郜、邢、郑为周王子孙封地。“以地为氏”是中华民族姓氏的重要来源之一。中国人生于斯长于斯，侍奉这块土地上的神灵，以地为氏，认祖归宗，农业文明落地生根式的家族文化从邑部字中充分地体现出来。

4. 双人旁是两个人吗——亻彳溯源

对于汉字初学者来说，经常会混淆单人旁“亻”与双人旁“彳”，譬如将“侍从”写成“待从”，将“俳句”写成“徘句”。其实，亻彳虽然形相近，含义却截然不同。

亻，是“人”做偏旁部首时的一种变形写法，凡从“亻”的字大都与人有关，如“人靠木上”为“休”，“人之本”为“体”，“人之言”为“信”，“二人”为“仁”，“仁”本义为博爱，人与人相互亲爱。形声字伯、仙、伙、伴、仆、儒，莫不与人有关。另外还有表示人德性的形容词：仁、伟、优、俊、傑（杰）、傲、俭、健、傻等，以及诸多表示人的行为动作的动词：伏、仰、俯、倚、傍、仿、侍、依、伸、借、住、供、倒、停、催、储等。

“人”部字共收字245个，所收字量在540个部首中位居第六，是收字较多的部首之一。“人”部字数量众多，“人”以及与“人”相关的汉字在整个文字系统中占重要位置，这与古人造字时常常“近身取物”有关，也反映出我们的祖先自我认知水平的高超之处。

彳，虽然被称为双人旁或双立人，但含义却与“人”无关。彳，就是彳亍（chìchù）的“彳”，它本身就是一个象形字。《说文·彳部》：“彳，小步也，象人胫三属相连也。”[古文字形]，描画的是人大腿、小腿、脚三者相连的样子。凡从“彳”汉字大都与行走有关，如往、循、征、径、徒、御、徜、徉、徘、徊、彷、徨等。有些彳部字，因词义的变迁，现在的常用义已经看不出与行走有关，但是追溯字源的话，还是能看出千丝万缕的联系。

徐，今义缓慢。本义“安行也”，就是安闲缓慢的前行的意思。

很，今义副词，表示程度加深。本义“行难也”，就是路途艰难的意思。

後（后），今义方位词。本义“行而迟在人后也”，就是走在他人后面的意思。

得，《说文》“行有所得也”，强调在行动中在过程中的收获，表达了古人对“得”深刻的理解：有耕耘就会有收获。

德，甲骨文写作 ，左边为“彳”，右边为眼睛上画一竖，就是古代“直”，所以德的本义为“行直”，可理解为行正道，做正直。金文 ，多了一颗心，可见此时中国人对“德”的认知，已经发展到一个新的层面——心性与行为的关系层面。东汉经学大师郑玄：“德行，内外之称，在心为德，施之为行。”“德”的字形中，充分体现了古代中国人对“知行合一”思想的理解。

总而言之，亻彳虽然形相近，含义却完全不同，如果充分利用偏旁部首的表意功能，从词义与部首关联性入手来掌握汉字，就可避免错别字的产生。利用“俳”与“徘”不同部首进行辨析——俳，与“人”有关，意思为“对偶骈俪”；徘，与行走有关，意思为“来回地走”，就不会把“俳句”（对偶的诗句）写成“徘句。”

5. “焦裕禄”还是“焦裕禄”——衣字旁与示字旁

焦裕禄的“裕”为“衤”旁，但常被错写成而“裕”；360公司创始人周鸿祎的“祎（yī）”，常被错读成“wéi”，错写成“袆”；还有祛除的“祛”，老衲的“衲”，袒露的“袒”，装裱的“裱”，都极易写错偏旁。“衤”“衤”是最易混淆的两个偏旁部首。

礻，示字旁，由“示”演变而来。“祭祀”的篆体 ，

可以看到 的下部，与 的左部的字形是一样的，都为“示”，在《说文解字》中同属于“示”部字。

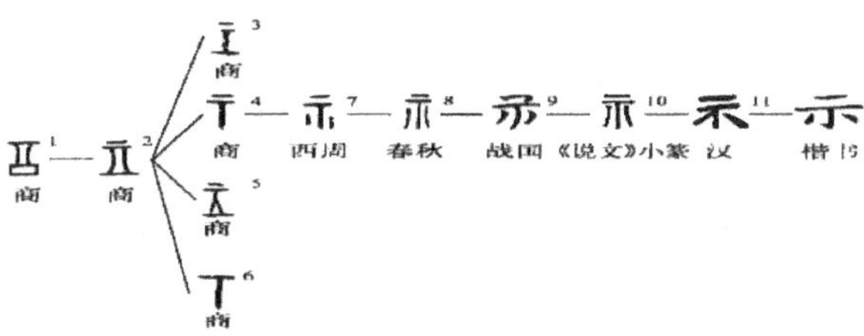

图 3-3 示字形体演变

示，象形字，甲骨文“ ”像受祭祀的死者的牌位，“ ”是省略写法，“ ”则是进一步省略的结果，“ ”两旁的小点，可能是表示祭祀时涂抹在祭祀牌位上的血液。“示”部字一般都与祭祀祈愿有关，如神、祠、祈、祷、祝、福、禄、禧、祥等。

礼，繁体字“禮”，左边“豊”表示读音，与“醴（lǐ）”“澧（lǐ）”同音，本义为“敬神”，与祭祀相关。

社稷，“社”是土神，“稷”是谷神，中国农业始祖名为“后稷”。古代君主每年祭社稷神，后用“社稷”借指“国家”。

祠，供奉鬼神、祖先或先贤的庙堂。

祐，指天、神等的佑助。“祐”“佑”的区别在于“祐”强调的是“蒙天之佑”，受到神祇的佑助，“佑”指他人的辅助与帮助，与“佑”相对应的是“佐”，弱者帮助强者为“佐”，强者助弱者为“佑”。

同样“禧”与“喜”含义用法也不同。“喜”为七情之一，本义为欢喜、快乐，引申为喜欢、爱好，由此再引申为吉庆快乐之事，如结婚、怀孕都是人生大喜事，如喜事、喜酒、喜糖、害喜、有喜、贺喜、报喜等。“禧”则范围要狭窄得多，侧重表达“福、吉祥之意”。《说文》:“禧，礼吉也。”《尔雅》解释为“禧，福也。”可见“禧”只能在表达幸福、吉祥之意时才能使用，如恭贺新禧，鸿禧、年禧、嘉禧、福禧等。

衤,衣字旁,由“衣”演变而来。从“衣袖”的篆体看,“袖”的左边为“衣”。凡“衤”旁字大多与衣服有关,如补、衬、衫、袄、袜、袱、裤、裆、襁、褓、褴、褛等。

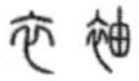

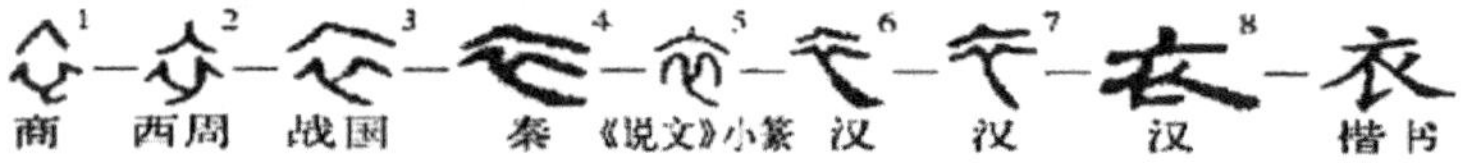

商 西周 战国 秦 《说文》小篆 汉 汉 汉 楷书

图 3-4 衣字形体演变

“联袂”的“袂”是“衣袖”,“联袂”就是“衣袖相连”,比喻携手同行 ;“衿袖”的“衿”通“襟”，襟与袖相连，用以比喻亲密的友谊;“富裕”的“裕”,指衣物丰饶;“老衲”的“衲”是“僧徒的衣服”,可代指僧人,“衲子”“衲僧”是和尚的别称;“装裱”的“裱”是“妇女用的披巾”，后引申出装潢字画的意思 ;“袒露”的“袒”是“脱去上衣，裸露肢体”的意思。

学生书写“初”的时候，易将“初”字错写成“衤”，那是因为学生不了解“初”字与衣有着直接关系。初,裁衣之始也。用剪刀裁布是做衣服的开始,后来就用“初”来表示“开始”。

另外,“祛除”的“祛”之所以为“衤”，是因为“祛除”在古代指通过祭神来去祸除灾。“祛除”与“驱除”区别在于:“祛除”强调精神层面，用于抽象的对象，可除去疾病、疑惧、邪恶等 ;“驱除”着重现实层面，用于具体的对象，如驱赶某人或某物。

6. “艹”“⺮”辨析——草头族与竹头族

“滥竽充数”还是“滥芋头充数”？“对簿公堂”还是“对薄公堂”？“篷头垢面”还是“蓬头垢面”？“得鱼忘筌”还是“得鱼忘荃”？“负笈求学”还是“负芨求学”？“煮豆燃箕”还是“煮豆燃萁”？竹字头与草字头是极易被混用的偏旁部首，要解决这个问题，需先对竹字头与草字头进行溯源。

⺮，即“竹”。竹，象形字，ᛏᛏ像竹叶下垂之形。《说文》：“竹，冬生艹也。象形。下垂者，箁箬也。”箁箬即竹叶。段玉裁注：“云‘冬生’者，谓竹胎生于冬，且枝叶不凋也。”古人认为竹本是草的一种，竹芽冬天萌发潜伏土中，到了春天破土而出，竹中直、虚空、有节，超然挺拔于其它草类之间，凌冬不凋，故叫“冬生草”。凡竹字头汉字皆与竹有关。

笨，竹里也，即竹子的内层。

竿，竹梃也，即竹子的主干。

等，齐简也，原指整齐的竹简。

箬，竹皮也，即竹笋的壳，也特指箬竹或箬竹叶。

節（节），竹节也，竹子各段之间相连突出的部位

策，本义是一种竹制的马鞭（头上有尖刺）。鞭，“革字旁”，本义皮制的马鞭。鞭策，就是用“鞭”和“策”赶马，比喻督促。

筵，古时铺在地上供人坐的垫于底部的竹席。古人席地而坐，一般席不止一层，紧靠地面的一层称“筵”，筵上面的称“席”。因此，“筵席”一词本指铺垫物品，既可作席地而坐的垫子，后泛指酒宴时的座位和陈设。因古人宴饮多在筵席上进行，于是“筵席”又有了“宴会”“酒宴”的意思。

成语“床笫（zǐ）之欢”，被错写为“床第之欢”，就是因

为不清楚“笫”为何意。笫，形声字，下部分“𠂔”（同“姊”的右边），表示“笫”的读音，“⺮”表意，古人把铺在床上睡觉用的竹席叫“床笫”。床笫之欢，代指男女房中之事。

《说文解字》竹部共收字164个（正文144个，重文15个，新附字5个），其中很多字与古乐器相关。中国古代乐器有“八音”之说。《周礼·春官·大师》云：“皆播之以八音，金、石、土、革、丝、木、匏、竹。”“八音”就是用金、石、丝、竹、匏、土、革、木八种不同质材制成的乐器的总称。而中国盛产竹子，竹乐器就成了最具代表性的民族乐器。

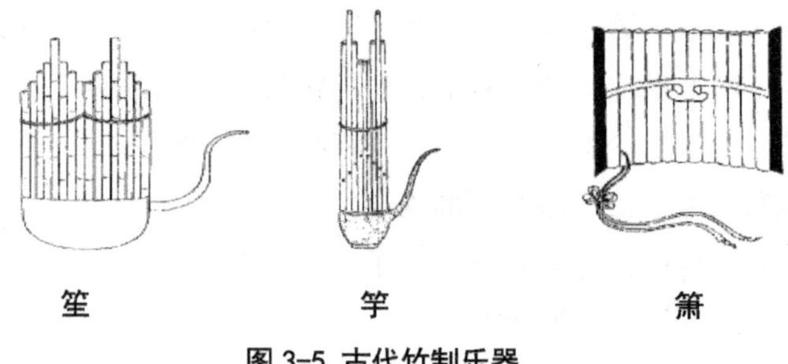

图3-5 古代竹制乐器

笙，管乐器名，一般用十三根长短不同的竹管制成。

竽，形似笙而略大，一般用三十六根长短不同的竹管制成。

簧，乐器中用以发声的薄片，古代一般由竹片制成。簧片能发出动人的乐音，后来就用来形容动听的语言。“巧舌如簧”，舌头灵巧，象簧片一样，形容花言巧语，能说会道。簧口利舌，形容善于言辞，多含贬义。

筒，通箫也，即箫之无底者也。所谓洞箫，洞者，通也。

籁，古代一种管乐器，三孔。从孔穴中发出的声音为籁。王勃《滕王阁序》：“爽籁发而清风生。”“爽籁”指参差不齐的箫管声。明朝杨慎《涪江泛舟》诗中也用到"爽籁"一词："爽籁金悬奏，遥峯翠积氛。"而平常所说的"天籁"之声，就指的是自然界发出的和谐的浑然天成的乐音。

中国前外交部部长杨洁篪（chí）的"篪"，也是一种乐器，是一种有八孔，横吹的竹制乐器。中国竹乐器品种之多，从汉字中就能体现出来。

艹，即"草"。古代的"草"原写作"艹"，"早"是后来加的，表示读音。艹，象形字，艸像草形。草字头汉字大都与草有关。

苍，从艹，仓声。本义草色，引申为青色，如苍天、苍龙、苍山、苍苔、苍头（旧指仆人，汉时奴仆皆以深青色巾包头，故名）等。

英，从艹，央声。本义花。"落英"就是落下的花。"英华"则言花木之美。

茗，从艹，名声。《尔雅•释木》解释为：早采的为"荼"，晚采的为"茗"。后泛指茶。"茗花"就是茶树开的花；"茗舌"，就是茶芽，因茶芽嫩如雀舌，故名；"茗雪"指青白色的茶。

莠，从艹，秀声。本义草名，即现在常见的杂草"狗尾草"，常用以比喻恶人、俚人。成语"良莠不齐"，指优良的谷穗与杂草混在一起，比喻好坏不同的人或事物混杂在一起。

莘莘（shēnshēn），草茂盛的样子。如纳兰性德《拟古》诗云："南山有闲田，不治委荆榛。今年适种豆，枝叶何莘莘。"也可比喻人众多，如成语"莘莘学子"。

弄清楚了竹字头与草字头这两个部首的源头，以及它们在构字部件中的表意功能，就可以轻松地区别易混词。

竽——芋

竽是一种竹制乐器，"滥竽充数"出自于《韩非子》，说的是南郭先生本不擅长吹竽，却装模作样混在乐队里演奏，比喻无本领的冒充有本领，次货冒充好货。芋是一种薯类作物，如芋头、毛芋、洋芋等。

簿——薄

簿，古代用来记事的册子，因为古代簿册是用竹简编制而成，所以为竹字头。“对簿公堂”就是根据文书记录来核对事实，后来引申为接受审讯。薄，本义指草木丛生的地方，借指物体的厚度小，土地不肥沃，事物小、欠缺、轻微等义。

篷——蓬

篷，车船等用以遮蔽风雨和阳光的设备，通常用竹篾席编制而成，所以为竹字头。“帐篷”“大篷车”“趁势收篷”用竹字头的“篷”。蓬，多年生草本植物，用以指像草一样松、乱。“蓬头跣足”指的是头发像草一样，打着赤脚，形容人衣冠不整。另外，“篷蒿”“蓬蒿”也要分清：“篷篙”指船帆和篙子，比喻行船生涯；“蓬蒿”则是一种菊科草本植物，中国南北各地都有栽培，嫩茎叶有香气，可作蔬菜。

筌——荃

筌，竹制捕鱼器，有逆向钩刺。“得鱼忘筌”就是捕到了鱼，忘掉了捕鱼用的筌，比喻事情成功以后就忘了本来依靠的东西。荃，是一种香草名，通常用以比喻君主。“荃宰”指君臣；“荃荪”是两种香草，用以喻贤良的人；“荃察”是旧时书信中常用为希望对方鉴谅的敬辞。“得鱼忘筌”如果写成“得鱼忘荃”，就变成了捕到鱼忘记了香草，这显然是说不通的。

笈——芨

笈（jí），书箱，古时书箱多为竹子编成。“负笈”即背负书箱，用来指求学。芨（jī），一种多年生草本植物，块茎可入药。常见的还有“芨芨草”，叶子狭长，花灰绿色，是古代造纸的一种原料。如果把“负笈求学”写成“负芨求学”，就变成了背着草去求学了。

箕——萁

箕（jī），是用竹篾、柳条等制成的清除垃圾的器具，相当于笤帚。萁（qí），豆类植物的秸秆。“煮豆燃萁”出自曹植七步诗：“煮豆持作羹，漉菽以为汁。萁在釜下燃，豆在釜中泣。”锅里煮的是“豆”，锅下燃烧的是“豆秸”，豆和豆秸是同一个根上长出来的，就好比同胞兄弟，然而豆秸燃烧着，锅内的豆被煎熬得“痛哭”，以此来比喻兄弟相残，十分贴切感人。

7. “绯闻”为什么用绞丝旁——绞丝旁的色彩

“绯闻”不要写作“诽闻”。“绯闻”虽然指的是一种传闻，与言语有关，但是“绯闻”的“绯”是绞丝旁，而不是言字旁“诽”。

“绯闻”的“绯”为什么为绞丝旁？《说文新附》曰：“绯，帛赤色也。”可见“绯”原本指红色的丝绸，后代指红色，而且“绯”通常用来形容桃花，如词语“绯桃”就是红色桃花。桃花春天开放，娇艳妩媚，多用来比喻女子娇媚妆容，如“面如桃花”，近而比喻男女情事，如“桃花运”。于是“桃色”也就成为男女情爱的色彩，一般用于不正当的男女关系，如“桃色新闻”“桃色案件”等。“绯闻”就是桃色新闻，绞丝旁的“绯”用得恰到好处。

除了“绯”之外，绞丝旁的汉字与颜色有关的还有很多，如红、绿、绛、缁、缃、绀、缙、缇、缟等。

红，《说文》：“帛赤白色。”段玉裁注：“按，此今人所谓粉红、桃红。”红色是古代贵族服饰的主色调。

绿，《说文》：“帛青黄色也。”孔颖达注疏：“绿，苍黄之间色。”苍黄色就是青黄色。绿色，通常是平民下人衣服的颜色。

缁，《说文》：“帛黑色也。”《广雅·释器》：“缁，黑也。”《释名》：“缁，滓也，泥之黑色曰滓，此色然也。”“缁衣”就是黑色衣服。秦代以水为德，五行中水居北方为黑色，所以秦崇尚黑色，当时的朝服是黑色的，“缁衣”成了官服的特称。到了三国时期，僧侣的衣色受到道士服色的影响而逐步趋向于黑色，“缁衣”就成了僧侣的代名词。僧人聚集之处称为“缁林”，出家被称为“削发披缁”。

缙，《说文》：“帛赤色也。”唐·颜师古《急就篇注》：“缙，浅赤色也。”“缙绅”，“缙”为浅红色帛，“绅”为古代士大夫束腰的大带子，“缙绅”就是古代官服系在腰上的浅红色大带子，用来代称官宦。

缟，《说文》：“鲜色也”。鲜色即原色，就是未经染色的丝绸颜色。清吴伟业《圆圆曲》“痛哭六军皆缟素，冲冠一怒为红颜”，诗中“缟素”指的就是白色丧服。“缟”与“素”都是白色的生绢，引申为白色丧服，或比喻俭朴。还有一个词“缟袂”，本义白色绢衣，常用来以喻白色花卉。郭应祥《柳梢青》：“城南佳处，饯腊迎春。步入默林，纷然缟袂，间以红英。”诗中“缟袂”，指的就是白梅。

缃，《说文》：帛浅黄色也。“缃帙”，浅黄色绸子做的书衣，即包在书卷外的浅黄色封套，后也作书卷的代称。“缃素”，古代书写用浅黄色的帛，借指书卷。“缃轴”，则指书画卷轴。

《说文》纟部字共有306字（正文267字，重文31字，新附字8个），其中表示颜色的颜色字61字。由此可见，中国古代丝绸染色技术非常发达，早在商周时代就已经掌握了非常成熟的染色技术，已经会使用矿物、植物等染制出丰富多彩的锦绣来。通过纟部字结构分析与意义考证，中国丝绸文化的历史篇章逐渐浮现在眼前。

8. 从醍醐灌顶说起——“酉”中文化

经常会有人将“醍醐灌顶”写作“提壶灌顶”，或者提笔忘字，想不起“醍醐”怎么写，之所以会出现些情况，是因为没有正确地理解和掌握“醍醐”这个词。

醍醐为“酉字旁”，金文 酉 看上去就是一个酒坛子，汉语中“酉”字旁的字一般都与“酒”有关。苏轼《念奴娇·赤壁怀古》“人间如梦，一尊还酹江月”，其中“酹”，就是“以酒祭地”之意，以酒祭天地自然，表达一种与乾坤共呼吸，与天地同悲之慨。白居易《问刘十九》：“绿蚁新醅酒，红泥小火炉。”《广韵》：“醅，酒未漉。”未漉就是未过滤的意思。“绿蚁新醅酒”，就是说“酒是新酿的酒，还未滤清，酒面浮起酒渣，色微绿，细如蚁，如同‘绿蚁’一般”。

《说文》“酉”部共 73 字，如今仍能一眼看出与“酒”有关系的字有：醉、酣、酗、酩、酊、醋、酸等，有一些字在字义变迁演变后，已经很难直接看出本字与“酒”之间的关系，但是查阅字源，本义与引申义之间还是有着千丝万缕的联系的。

醒，《说文》：“醒。醉解也。”醒的本义即从醉酒状态恢复到正常状态。

酷，《说文》：“酷，酒厚味也。”“厚味”指的是酒味浓烈，所以“酷”的本义有程度很深的意思，隐含了猛烈、刺激的感觉，从而引申出刑法的残暴和苛刻之意。

酬，《说文》："酬，主人进客也。"段玉裁注："始主人酌宾为献。宾即酌主人。主人又自饮酌宾曰酬。"可见"酬"本义为客人给主人祝酒后，主人再次给客人敬酒作答谢，故引申出酬答、报答、酬谢之意。

配，《说文》："配，酒色也。"吴善述《说文广义校订》："酒有四饮、六饮之别，起色有浅深黑白之殊，配……所谓以清与糟相配也。"《玉篇·酉部》"配，合也。"古人将不同的酒进行调配，调配之后酒的酒色称之为"配"，从而引申出调配、配合、结合等意。

醇，《说文》："不浇酒也。"段玉裁注："浇，沃也。凡酒沃之以水则薄，不杂以水则曰醇。""醇"就是不掺水、不掺杂质的纯正的酒，从而引申出"纯正"之意。

酌，《说文》："酌，盛酒行觞也。"段玉裁注："盛酒于觯（zhì）中以饮，人曰行觞。"觯是中国古代盛酒的酒器。酌，就是以"觯"盛酒以饮，后来引申出斟酒、斟酌、度量、考虑之意。陶渊明《归去来兮辞》"引壶觞以自酌，眄庭柯以怡颜"中的"自酌"，就是自斟自饮的意思。

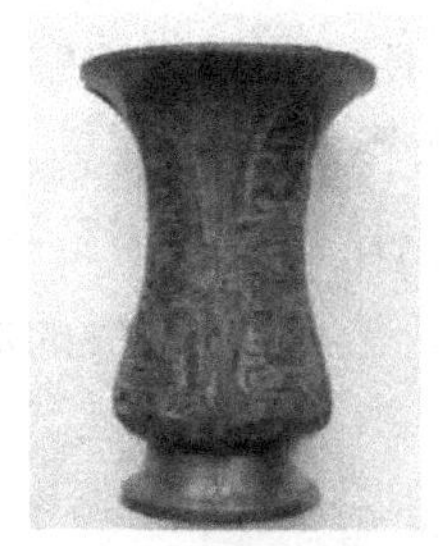

图 3-6　古代酒器：觯

醴，《说文》:“酒一宿孰（通熟）也。”《玉篇·酉部》:“醴，甜酒也。”醴，即酝酿时间短，酒汁与酒糟相和杂的甜酒，类似今之酒酿。后来引申为甘泉、甘甜之意。

那么“醍醐”，是怎样的一种酒呢？《说文·酉部》：“醐，醍醐，酪之精者也。”可见醍醐并不是酒，而是“酪”中提取的精华。酪，就是现在的奶酪。奶酪是一种发酵的牛奶制品，带酸味，类似酒，因而为酉字旁。

另外，古代“酪”也指用马牛羊等乳汁制成的酒。《汉书·礼乐志》“师学百四十二人，其七十二人给大官挏马酒。”唐颜师古注：“马酪味如酒，而饮之亦可醉，故呼马酒也。”清邓廷桢在《双研斋笔记》中记载制作马酪酒的过程：“其以革囊盛马乳，一人持抱之，乘马绝驰，令乳在囊中自相撞动，所谓挏也。往复数十次，即可成酒。”所以，先秦两汉时期“醍醐”应该指的是，从奶酪或奶酪酒中提炼出的一种精华的东西——一种最上乘的酥油。那么，醍醐灌顶，是将最上乘的酥油浇灌到头上吗？其实这是一种误解。

“醍醐灌顶”是一个佛经词汇，它最早出现在唐朝五代时期《敦煌变文选·维摩诘经讲经文》“令问维摩，闻名之如露入心，共语似醍醐灌顶。”而“醍醐”一词在中国古来就有。

在中国古代“醍醐”除了指奶酪中提炼出的酥油外，它还指一种美发生发的药物。北朝魏纪传体断代史《魏书》中记载：“俗剪发齐眉，以醍醐涂之，昱昱然光泽。”这里的醍醐就具有美发的功效。《本草纲目》言醍醐“益虚劳，润脏腑，泽肌肤，和血脉”。我国第一部中药炮制学专着《雷公炮炙论》中记载了醍醐作为一剂中药制作的流程：“醍醐，是酪之浆，凡用以重绵滤过，于铜器煮三两沸。”此书虽成书于唐末或宋初，但记录的内容却是“三国两晋”之事。

“醍醐灌顶”的“醍醐”其实是一个音译词。“醍醐”是梵文 manda 的译名，基本词义为“本质”“精髓”，就像“菩提”一词是梵文 Bodhi 的音译，意思是觉悟、智慧一样。

“灌顶”原是古印度王即位时举行的仪式，取四海之水装在宝瓶中，流注新王之顶，象征新王已享有统治“四海”的权力，后被佛教接受效仿，作为后辈弟子在修行过程里，不断逐步晋级的仪式。流注的可以是具体的物质，如清水，流注的也可以是无形的东西，如口诀、咒语以及秘籍、经文等。如果“醍醐”指的是酥油的话，那也只是使用了其比喻义，用世间难得的美味比喻佛教真义、智慧、精髓。

9. “难”不是“又佳”——隹与鸟同源

难，左边为“又”，右边为“隹”，并非“佳”字。

隹，象形字，甲骨文为[甲骨文]，金文为[金文]，小篆为[小篆]，《说文》解释为：“隹，鸟之短尾总名也。”鸟，甲骨文为[甲骨文]，金文为[金文]，小篆为[小篆]。《说文》解释为：“鸟，长尾禽总名也”。从“隹”与“鸟”的字形来看，这两个字的造字初衷为“隹”表示短尾鸟，“鸟”表示长尾鸟，但在用字过程中，两者并没有什么差别，隹与鸟同源。凡以“隹”“鸟”为部首的汉字都与鸟有关。在现代汉语里，“隹”并不单用，但“隹”的本义完好地保留在一些常用字里。

隼，[小篆]，猛禽，飞速极快，又名“鹘”。

雕，[小篆]，猛禽，上嘴勾曲，视力极强。

雏，[小篆]，幼鸟。

雉，，雉类鸟通称，俗称野鸡、山鸡。

雀，，特指麻雀，泛指小鸟。

雞（鸡），，鸟纲雉科家禽。

雁，，厂（多音字，此处读音为 hàn）表示读音。亻（人）、隹表示字义，因雁群飞行时，常排成人字形而得。

雄，。公鸟。从隹，厷声。

雌，，母鸟。从隹，此声。

还有一些隹部字现代常用义已经不能显示与鸟存在什么关联，但从本义上溯源仍能依稀看到小鸟的影子。

集，，从“集”小篆字形中，可以看出“集”的本义为群鸟栖止在树上。

隻（只），，下面“又”表示手，手持一只鸟，表示单只。

雙（双），，手持两只鸟，表示双数。

隽，，下部分“乃”原作“弓”，本义为用弓捕射鸟，引申为鸟肉肥美，味道鲜美。今义为（言论、诗文）意味深长。

翟，，作姓氏时读作 zhái，它还有另一种读音 dí，指长尾的野鸡。如：翟（dí）车，皇后所乘饰以雉羽的车子。

霍，，上为“羽”，下为“隹”，下雨时鸟快速急飞，本义鸟急飞的样子，引申为突然急速之意，如“霍地站起”“眼前霍然一亮”等。

夺（奪），，上面为振翅欲飞的鸟，下面是手（寸），表示手捉一只振翅欲飞的鸟，眼看着就要从手中失脱掉，本义为丧失。

奋（奮），，上面为振翅飞翔的鸟，下面是空旷的田野，本义为鸟在田野上振翅奋飞。

最后，来说说“难”，难即不是“又 + 佳”，也不是“又 + 住”。

"难"繁体字"難",形声字,左边"𦰩"表示读音,右边"隹"表示"難"的本义与鸟有关。《说文》:"难,鸟也。"除此之外,没有其他的解释,可见"难"最早的意思应该是一种鸟的名字,至于这种鸟是怎样的一种鸟,已经无法考证了。"困难"的"难"与鸟之间的到底有什么关系,也是无从推测。有的人说"难"本义为被逮住的鸟,引申为受困、困苦之意;有的人说"难"是鸟遇难时发出的哀鸣声;还有的说,"难"为假借字,只借用字形,与原义没有关联。但不管怎样,"难"作为鸟的原始义在方块字的字形中保留了下来,这便是汉字的神奇之处。

10. "装潢""装璜"哪个是水货——"王"是一块玉

图 3-7 "装潢"错写为"装璜"

只要留意一下大街上商店的招牌,你会发现既有写成"装潢"的,也有写成"装璜"的,同样互联网各大装潢公司的主页上也是"装潢""装璜"并用,甚至出版社正式出版物上也出现这种情况。那么,到底是装潢,还是装璜,或者两个词可以通用?让我们先来追本溯源"璜""潢"的含义。

《说文》:璜,半璧也,从玉黄声。"璜"是一种半璧形的玉。历史上著名的和氏璧是一块平圆形中间有孔的玉器。"璧"

是圆形的，那么“璜”就是半圆形的玉器。《周礼》：“以玄璜礼北方。”“璜”是一种祭祀北方之神的礼器。在汉字中，凡偏旁为“王”都与玉石有关。

璞，未雕琢的玉。

环，环状玉器。

瑕，玉上斑点。

珏，二玉相并或相碰。

班，用刀分割玉。

实际上“王”是玉字旁，而不是王字旁。古代，“玉”字和“王”字的写法都是三横一竖，没有点，字形极其相近，所不同的是“玉”字的三横“王”是均匀分布的，且一样长短；“王”字的三横“王”中间一横稍短，并且靠上一些。“王”的三横一竖表示天、地、人一以贯之。董仲舒：“天、地、人也，而参通之者，王也。”“玉”的三横一竖表示“三玉之连”。玉上一点是汉字形体发展到隶书时加上去的，以区别于王。但是当“玉”作偏旁部首时写作“王”，仍然不加一点儿。所以，我们现在看到的“王”字旁的字，其实是玉字旁。璜在《汉语大词典》中一共有 7 个词条，如“璜佩（泛指玉佩）”“璜璜（威武貌）”并没有“装璜”一词。

古玉器：璜

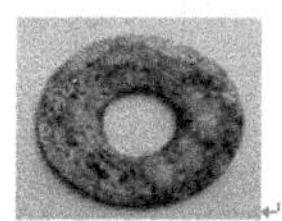

古玉器： **璧**

“潢”为三点水，是中国古代一种染纸的工艺，这种工艺需要用一种植物熬制的汁液将纸染成黄色，“潢”因而从水从黄。

东汉专门探求事物名源的《释名》中解释："潢，染书也。"北魏贾思勰所著的《齐民要术》有详细记载："凡打纸欲生，生则坚厚，特宜入潢。凡潢纸灭白便是，不宜太深，深则年久色暗也。入浸檗熟，即弃滓，直至纯汁，费而无益。"宋代曾慥《类说·雌黄》上说："古人写书皆用黄纸，以檗染之，所以辟蠹，故曰黄卷。"就是说，古代的纸比较生硬粗糙，为了更好书写，就将用黄檗木制成黄色染料，纸张经此浸染后，光滑、美观，书写流利，而且还可以防蛀。入潢过的纸，色泛黄，故称"黄纸"，一卷一卷黄纸印成的书，就称"黄卷"。"黄卷"成了古代书籍的代名词。用黄檗汁染过的纸裱褙字或装帧书籍，就称"装潢"。唐代还曾出现"装潢子"一类专门从事这项职业的人。到了近代，装潢的词义进一步延伸，凡修饰门面、装修房屋以及器物包装等等，都谓之"装潢"。久而久之，装潢就有了装饰物品与物品装饰这样广泛的含义，原来装裱字画的本义反不大为人所知了。

从"装潢"一词的来源来看，"装潢"中的"潢"被写作"璜"都应当视为别字。而今媒体上"璜""潢"不辨，"装璜""装潢"混用，恐怕是不明词源、随意联想所致。人们或许想"装潢"既然是对物品加以装饰，使之更为精美，添金加玉才对，用"璜"合情合理，若与氵（水）联系上，岂不变成了"水货"？为了消除"水货"的嫌疑，于是"装璜"一时盛行开来。

11. "⺗"并非小多一点——忄 ⺗都是心

"恭""慕""忝"的下部很容易错写为"小"或者被错称为"小多一点"，实际上"⺗"与小没有任何关系，它其实是"心"字。

心，是一个象形字，描绘的是心脏的形状，甲骨文"[illegible]"，金文"[illegible]"，小篆"[illegible]"，都可以辨认出心的形状。但汉字在隶变之后，原来描绘心包的曲线变成了三点，演变为“心”，失去了象形字的意味。

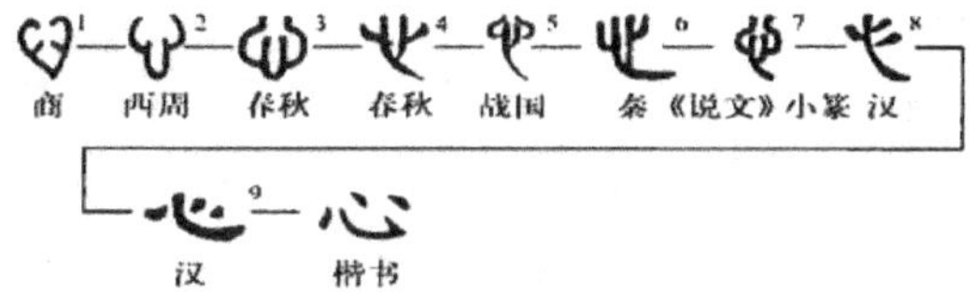

图 3-10 心字形体演变

汉语中表示身体器官的“心”“口”“手”“足”“耳”“目”等汉字具有很强的构字功能，是造字的主要部件，心字旁、口字旁、提手旁、足字旁、耳字旁、目字旁的汉字数量极多。这恰恰说明了这样一个事实，那就是中华民族对世界的认知方式遵循着“近取诸身，远取诸物”的原则，从自身感知世界万物，又从外部世界认识自身。这也是中国人“天人共源”“天人合一”的思想在文字创造中的体现。

《说文》心部共收汉字 298 个（正文 263 个，重文 22 个，新附字 13 个）。其中象形字 1 个，会意字 10 个，会意兼形声字 6 个，形声字 260 个。“心”部字比其它任何一个以身体器官名称作部首所收的字都要多，这足以说明心在人体中的重要地位以及古人对它的重视程度。

“性”为“心生”,“忙”为“心亡”。“爱”繁体字为“愛”，上部为“爫”是一只手，下部“夊”表示行走，中间一个“心”字，“爱”是“手捧一颗心行走”。爱的字形充分体现了中国人对“爱”的内涵的理解——爱重在行为，而非口头。

“忧”,繁体字为“憂”,字形与“爱”相近。上部“ ”就是“页”，“页”甲骨文为 ，一个头部很大跪着的人，本义为“头”（凡页字旁与头或脸有关，如额、颈、颊、领），下部“夊”表示行动。“忧”便是心中的忧愁烦恼表现在脸上与行为上，体现了古人心行相成的思想认识。

“心”作为构字部件，在汉字字体演变的过程中，共分化出三种写法：一种是“想”“念”的心字底，一种是“愉”“悦”的竖心旁，还有一种就是“恭”“慕”“忝”的下半部。“恭”“慕”“忝”之所以不写成“㤨”“慔”“㤁”，与它们上部件字形——长长的一撇一捺有关，完全是出于字形的紧凑美观考虑。

“恭”“慕”“忝”皆属于形声字，上部件“共”“莫”“天”是它们各自的声符，表示读音，下边的“㣺”是形符，表示意思。“恭”“慕”“忝”含义皆与人的内心有关。

恭，本义恭敬，谦逊有礼。《尔雅》：“恭，敬也。”《诗・大雅・皇矣》：“密（国名）人不恭，敢距（通“拒”）大邦。”这句话的意思为“密国人如此不恭敬，怎么能抵抗大国的进攻”。

慕，本义依恋，向往。《玉篇・心部》：“慕，思也。”《孟子・万章》：“人少则慕父母，知好色则慕少艾，有妻子则慕妻子，仕则慕君，不得于君则热中。大孝终身慕父母。”人在年少的时候，依恋父母；懂男女之爱后，便倾慕年轻美貌的女子；有了妻子，就眷念妻子；做官后，就极力讨好君主。（对于父母的爱一天一天松弛），只有最孝顺的人才能终身怀恋父母。

忝，本义羞辱，愧对，有愧于。《说文》：“忝，辱也。”忝，因表示愧疚之意，常常被用作谦辞：忝为人师、忝在知交、忝属知己，忝列门墙（愧在师门）等。“忝”字今不大常用，但以“忝”为声符的“添”“舔”是常用字，书写时一定要注意，勿将“忝”下面写为“小”。

12. 编辑还是编缉——“车”与造字法

图 3-11 “编辑”错写为“编缉”

可能是受“编”的影响，将“编辑”的“辑”写成绞丝旁的“缉”大有人在，如某单位将“编辑出版区”错写为“编缉出版区”。

辑，《说文》：“车和，辑也。”所谓“车和”，指的是“合材为车，咸相得”（《六书故》），就是把车的各种部件集合在一起，进行调和，使各部分相协调。“和辑”之后的车才能行得稳行得远。在这个意思上，“辑”又引申出“和谐”“整修”“聚合”的意思。“编辑”的“辑”就是“聚集”的意思。“编辑”就是对收集的资料进行进行整理、加工，编成书刊。

“缉”为绞丝旁，本义是把麻搓成线，后引申出“绳索”“继续”“搜捕”等义。通缉、缉拿、缉捕、缉毒，可以联想为这些词都与“绳索”有关，故为绞丝旁的“缉”。

车字旁的字大都与车有关，比如：“辍学”的“辍”，本义为车行到中途停止不前，半途而废；“龙车凤辇”的“辇”，上面两个“夫”表示两个人，“辇”就是两个人拉一辆车，所以“辇”指古代用人拉着走的车子，后多指天子或王室坐的车子；“轩昂”的“轩”，指古代装有帷幕而且前顶较高的车，故“轩昂”有高大之义；车前高后底为“轩”，前低后高为“轾”，成语“不分轩轾”，比喻指不分高低优劣。

车部字除了“辑”，还有些字比较容易写错，如“发轫”写成“发韧”，“辐射”写成“幅射”等，纠正这些易错字，可以借助字源、词源。

发轫，原指拿掉支住车轮的木片，使车前进。“轫”相当于现在的刹车片，古人停车时，为了防止车轮滚动，就在车轮上插入一根木头，发车的第一件事便是抽取“轫”，所以“发轫”就是出发、启程的意思，比喻事物的开端，后泛指新事物或者某种局面开始出现，如：新文化运动发轫于五四运动。

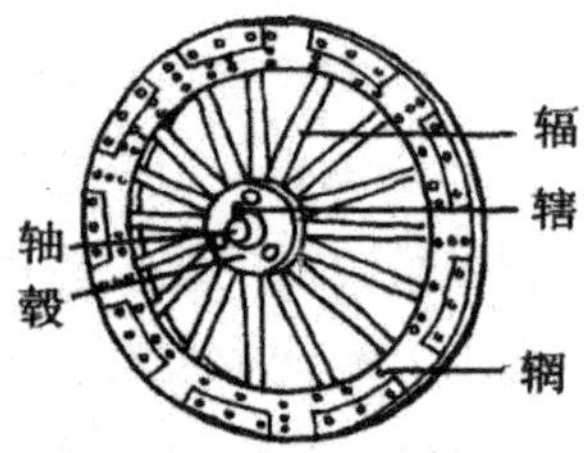

图 3-12　古代车轮结构图

中国古代车辆的运转部分由轮和轴组成。轴是固定车轮、承载车厢和传递动力的部件。轮的中心是一个有孔的圆木，称为“毂 (gǔ)”，用以贯轴。轴两端露出毂外，轴上有孔，用以纳“辖”，以防车轮脱落。“辖”多以青铜或铁制成，扁长形。轮的边框，称为“辋 (wǎng)”。辋和毂之间以“辐”相连。辐条一般为 30 根，有中心轴向外呈辐射状态。这就是“辐射”一词的由来，所以“辐射”的“辐”从“车”不从“巾”。

“幅”，本义布的宽度，后泛指事物的宽度。如振幅、篇幅、幅度，还有幅员广阔（“幅”是宽度，“员”是周围，“幅员”指疆域或领土的面积）。

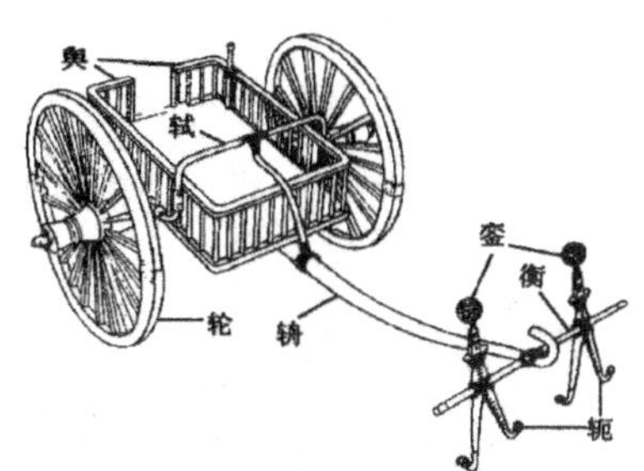

图 3-13　古代车结构图

北宋文学家“苏辙（zhé）”，经常被错写为“苏澈（chè）”，殊不知，苏辙与他的哥哥苏轼的名字都与“车”有关，其中寄托了他们的父亲苏洵对儿子的美好祝愿。苏洵在《名二子说》中交代了自己为两个儿子命名的用意。“轮、辐、盖、轸，皆有职乎车。而轼独若无所为者。虽然，去轼，则吾未见其为完车也。轼乎，吾惧汝之不外饰也！”轮、辐、盖、轸都是车的重要部件，缺少不得。轼（车前横木，供站立车上远观时扶手之用）似乎可有可无，但如果没有轼，车也不是完整的车了。苏洵给苏轼取名“轼”，是希望他不忽视看起来似乎不重要的“外饰”之物。而对次子苏辙这个名字，苏洵这样解释：“天下之车莫不由辙。而言车之功，辙不与焉。虽然，车仆马毙，而患亦不及辙。是辙者善处乎祸福之间也。辙乎，吾知免矣！”“辙”就是马车行走留下的印迹。天下的马车行走都遵循前车的印迹行走，可说起马车的功劳，大家根本不会提到车辙，同样，当车坏马死，祸不会殃及车辙。车辙处于祸福之间，虽然不能大富大贵，但也可以免于灾祸。苏洵给苏辙取名“辙”是希望他平安免祸。

13. “罩”字头上不是“四”——“罒”是一张网

罩、罗、罚、罢、署、置、罪、罹、羁，这些字的头上是一个“罒”字。“罒”看似“四”，实际上是“网”。

图 3-14　网、罩、羅、罚、置的小篆字体

从罩、羅（罗）、罪、置的篆体可以看出，他们有一个共同的部件“网”。汉字隶变之后，“网”作为构字部件时就写作“罒”了。

罩，《说文》：“捕鱼器也。从网，卓声。”罩本义为捕鱼用的网。

罗，繁体字为“羅”，《说文》：“以丝罟鸟也，从网从维。”羅，就是用丝网去捕鸟。成语“门可罗雀”的“罗”使用的正是“罗”的本义。

罚，繁体字为“罰”，从刀，从詈（音 lì，从网，从言，意为责骂）。《说文》：“罚，辠（罪本字）之小也。”惩罚小罪叫作“罚”，惩治大罪则要用“刑”。

置，《说文》：“置，赦也。从网、直。”“置”的本义为赦罪，释放。《史记·吴王濞列传》：“斩首捕虏，比三百石以上者皆杀之，无有所置。”其中“无有所置”就是“没有可以赦免的”。置，后来才延伸出“安放”“设置”等义。

罹，从网，从心，从隹。“隹”表示鸟（见前文《隹与鸟的渊源》），“罹”就是鸟被鸟网罩住，引申为遭遇灾祸或疾病，如罹难、罹祸、罹病等。

羁，本义为马笼头，就是一种套在马的头部用以御马和约束马的设备。“羁绊”就是被约束，“不羁”就是不被约束。

“买”也与网有关。买，繁体字为“買”，从网从贝，“买”就是网罗天下钱财的一种交易行为。

14. 骛与鹜——形声字的形符

汉字中形声字占了三分之一。形声字形符的表意功能在汉字认读中占着非常重要的作用

“好高骛远”“趋之若鹜”这两个成语里的“骛”“鹜”很容易误用,“好高骛远”的“骛”经常被写成“鹜”,可能是受“高”的影响,与“飞”练习在一起。于是就会误写成鸟字旁的“鹜”。

“鹜”是形声字,形符为“鸟”,是禽类,本义为“鸭子”。《说文·鸟部》:“鹜，野凫也。从鸟，敄声。”《左传·襄公二八年》:“公膳日双鸡，饔人窃更之以鹜。”襄公家膳食每天有两只鸡，执掌炊事的人悄悄地换了鸭子。“趋之若鹜”的意思是：“像鸭子一样，成群地跑过去。”比喻很多人争先恐后地追逐某一个事物，多含贬义，《孽海花》二七回：“白云观就是他纳贿的机关,高道师就是他作恶的心腹,京外官员那个不趋之若鹜呢？”。唐代名篇《滕王阁序》中的名句“落霞与孤鹜齐飞，秋水共长天一色”中的“鹜”也是指鸭子，当然，指的是飞翔的野鸭。

“骛”也是一个形声字，但它的形符是“马”，是畜类，《说文·马部》：“骛，乱驰也。从马，敄声。”“骛”有二义：①纵横奔驰。本义为马乱跑。《史记·司马相如传》:“游乎六艺之圃，骛乎仁义之涂。”②追求。《宋史·程颢传》：“病学者厌卑近而骛高远，卒无成焉。”“驰骛”引申为:“追逐、追求”，“外骛”，

“骛”与“务”相通。“好高骛远”，可以形象地理解为：“骑着马儿去追求不切实际的过高的目标。”郭沫若《羽书集·和平的武器与武器的和平》：“故而我们的努力，是要一纵一横，亦大亦小，决不好高骛远，亦不拘虚笃时。”

“心无旁骛”用于形容人的一种精神状态，指心中没有其他的追求或杂念，心思集中，专心致志，当然是用“骛”字。

二、字形字义溯本篇

1. “即”“既”形义辨析

图 3-15 “既”错写为“即”

“即”和“既”，音、形、义相近，又都可以作副词，在行文中非常容易出错。如街头广告语“你即想拥有健康，又想获得美丽吗”，其中“即”便用错了，应改为“既”。其实，如果我们弄清楚“即”“既”两字的由来，便可以避免这样的错误。

即（jí），甲骨文写做，左边，是一种用来盛食物的高脚容器，里面盛满了食物，还冒着香气。就是“皀（jí）”，意为稻谷的香气。左边，是一跽坐人形的侧面，现在写作“卩（jié）”，“卩”是“人”字的一种变体，如（命），是一屋之下有一人跽坐传授口令。跽坐是古代正式的合乎于礼的坐姿(两腿伸向前而坐，形似畚箕，叫做“箕踞”，是不合乎礼的坐姿)。与这两个字合在一起表示一个人靠近美食，准备进食，即将开始用餐，所以“即”有“靠近、就着、开始从事、就要、马上、就是”等义项，如：若即若离（靠近)、即兴表演（就着)，可望而不可即（靠近)、非此即彼（就是)，即位（开始从事)，闻过即改（就，马上)。凡“即”相关之词，皆有“未发生”“即刻发生”之意。如：成功在即、一触即发、招之即来，即日生效。

既（jì)，甲骨文写做，左边与“即”相同，表示盛满美食的容器，右边，是一个人头部向背后扭转，嘴巴张着，好像酒足饭饱后，打着饱嗝，起身要走的样子。“旡”，音jì，本义为饮食以后气向上逆进，不能平息，意思同现代汉语“打饱嗝”。将这两个字放在一起会意，“既”的本义就是“已经吃饱了”“吃完了”。李孝定《甲骨文字集释》中说：“既，契文像人食已，顾左右而将去之也”，所以“既”有“完、尽、结束”等意思。后来又虚化为副词，表示“已经”的意思，如“既成事实、既得利益、既往不咎”等等；又作连词，跟‘且、又、也’等副词响应，表示两种情况兼而有之，表示并列关系。凡“既”相关之词，皆有“已经发生”之意，如：一言既出、一如既往、既成事实、既往不咎、既来之则安之。

因此，区别“即”“既”，从它的字形与字义入手就一清二楚了。

说完“即”“既”，再来说说与这两个字相关的“卿”这个字，“卿”与吃也有关系。，从甲骨文字形看，是两个人面对面席地跪坐，中间放着给高脚器皿，仿佛一幅两人对饮图。所以“卿”本义为二人相向而食，用酒食招待客人，是飨（飨）的初文。这个意思在“客卿”这个词中还能依稀看到它最原始的意思。至于“卿”后来发展为“卿卿我我”之“卿”，成为夫妻或男女朋友之间亲昵的称呼，那是魏晋南北朝时期的事了。

图 3-16 古代箕坐俑

图 3-17 古代跽坐俑

2. 藏戈为武——“武”并非“戈”少一撇

说到中国武之精神，总是会提到这样一句话“止戈为武”。但是,“武”字右边写的是“弋（yi）”,而非“戈”,何来“止戈”呢？

我们先从戈、弋说起。

戈：

（甲骨文） （金文）

“戈”是古代的一种曲头、横刃、长柄兵器，如在词语“干戈”（干为盾牌，干戈是古代兵器的通称）、“枕戈待旦”、“反戈一击”中，“戈”就指兵器。中国古代商朝至战国时期的典型进攻性兵器是曲头的“戈”,从秦代开始戈逐渐被直头的“矛”所取代。还有一种兵器“戟”，它是“戈”和“矛”的合成体，既有直刃又有横刃，呈“十”字或“卜”字形。

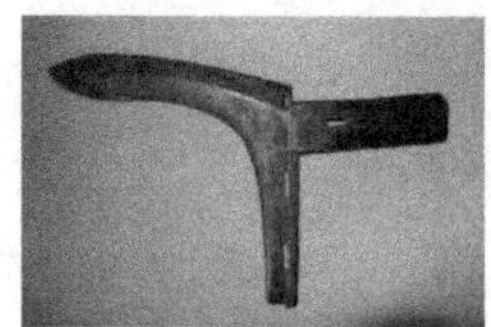
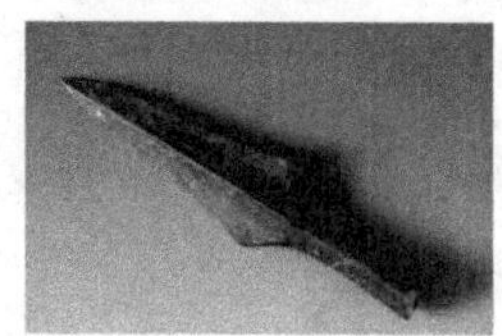

图 3-17 古兵器：戈、矛、戟

弋：

（甲骨文） （金文）

“弋”为系有绳子的箭。古人用弓射禽鸟，使用的箭有两种，一类箭尾不系丝绳，另一类在箭尾上系上一根丝绳（这种丝绳叫做“缴”）。前者是一般的射箭，简称“射”或“弓射”，后者则称“弋”或弋射。弋射的对象一般为飞鸟，据说一些大鸟比如雁，中箭后，只要没伤到要害，会忍痛飞到隐秘的地方藏起来，箭绑上丝线后方便找到被射中受伤后的猎物。早在周代，已有弋射，如《诗经·郑风·女曰鸡鸣》：“将翱将翔，弋凫与雁”。《论语·述而》也有论及：“子钓而不纲，弋不射宿。”夫子用鱼竿钓鱼而不用渔网捕鱼；夫子射飞鸟而不射已经宿巢的鸟。

图 3-18 成都百花潭出土的战国时期铜壶上的弋射图

含有“弋”的字有代、式（试、拭、轼、弑、栻）、忒、贰等，但这些字的字义与弋射捕猎都没有关联。“弋”在《说文解字》中并没有被列为部首，含“弋”的字，大都是“弋”作为声符实用，也就是它只表音，并不表意。

式，《说文》：“式，法也，从工，弋声。”本义榜样、模范，

“工”表义，“弋”表音。

忒，《说文》:“更也，从心，弋声。”本义差别，“心”表义，“弋”表音。

鸢，《说文》:“鸷鸟也。”“鸟”表义，“弋”表音。

贰，和“弋”更没有直接关系了，它由“弍”与“贝”构成，“贝”表义，“弍”表音。

以上含“弋”各字，为什么没有“武”这个字呢？因为“武”虽然从字形上看有“弋”，但实际是是“戈”，只是那一撇变短隐藏在左上方。

甲骨文	金文	小篆	隶书	楷体

从武的甲骨文、金文、小篆字体，为上下结构，可以看出上部为“戈"，下部为“止”。在字体隶变后，隶属“武”写成半包围结构，一撇变成了横，但“戈”字笔画并未分离，还能辨认出。到了楷书，这一撇干脆跑到左肩膀上，导致“武”从“戈”部“开除”,《康熙字典》将“武”字归于“止"部,《现代汉语字典》、《新华字典》也是这样归属的。

“武”这个字，真是充满矛盾与变化，明明持戈，却被藏起了锋芒，明明是武力，却以制止武力最高境界。这便是汉字的哲学，中国人的智慧！

3.“己”是一个独行侠——己已巳辨析

己、已、巳，字形微异，极易写错。

巳，甲骨文为，金文为，篆文为，形似初成形的胚胎，头大，身体细长，四肢还未成形。《三体石经》里演变为 ，像精子进入卵子的形状。《说文》对“包”的解释为：“巳在中，象子未成形也。”“包”是“胎胞”的“胞”的本字，所以，巳的原始义为“嗣”（见《玉篇》），就是“后代”的意思。胚胎→生命的孕育→后代→血脉的继承→继续，“巳”的基本义就是这样衍生而来的。《甲骨文合集》：“我其巳宾，乍帝降叒。我勿巳宾，乍帝降不叒。”宾，祭祀名。叒，顺，音 ruò。这句话的意思为“我将继续举行宾祭，那么上帝就降给顺利，我不继续举行宾祭，那么上帝就将降不顺利”。

已，甲骨文为 ，金文为 ，篆文为 ，形似头朝下的胚胎。《说文》：“已，用也，从反巳。”许慎认为“已”是倒过来的“巳”。如果“巳”是头朝上初成形的胚胎，那么“已”就是慢慢长大，即将诞生的胎儿。胎儿为了便于出生，头开始朝下，反映在文字上就是“已”了。所以“已”意味着胚胎完成了在母体内发育的过程，等待降生，这就衍生出“已经”之意。《中华大字典》释曰：“已，止也，毕业。”《论语·微子》：“道之不行，已知之矣。”意为：好的政治主张行不通的原因，已经知道了。

己，甲骨文字形 ，象绳曲之形。古代人以绳记事，“己”是古“纪”本字，后假借作“自己”之“己”。古文字学中这种假借的用法很常见，譬如“莫”，从甲骨文字形 中，可以看出“莫”本为“日”落入“艸（草）”中，表示傍晚天快黑了，是“暮”的本字，后来“莫”被借用为否定词“莫须有”的“莫”，本义逐渐丢失，本义“傍晚”“日落时”则另造形声字“暮”来记录”。

巳、已、己，并不做部首，在合体字中一般不表意，只承担表音的功能。其中，“己”是一个独行侠，它不与任何其他部件组合成合体字，也就是说，左上半封闭的“己”只有“己”一个字，不在其他任何字中出现。

所以，合体字中，只要分清“巳”“己”即可。全封口的一般读音为si，如汜sì（汜水），祀sì（祭祀），皆从“巳”得音。不封口的一般读音为ji、qi、pi，如鲍jǐ（鲍鱼）、杞qǐ（杞人忧天）、圮pǐ（颓圮）、玘（玘玉）、芑qǐ（芑菜）、岂qǐ（岂有此理）等。

4. 氏与氐不只差一点

氏，象形字，金文为 ᛩ，像物体欲倾倒而将其支撑住的形象。“氏”是“支”的本字，本义为古代贵族标志宗族系统的称号。

我们现在所说的“姓氏”，在远古时期是分用的。“姓”，女字旁，显示生身母亲的近景信息，“氏”则显示宗族历史渊源的远景信息。如：黄帝，姬姓，轩辕氏；炎帝，姜姓，烈山氏。

《通志•略•氏族》：“三代（夏、商、周）之前，姓氏分而为二。男子称氏，妇人称姓。氏所以别贵贱，贵者有氏，贱者有名无氏。”古代用“氏”称呼帝王贵族等，后称呼名人、专家，如：伏羲氏、神农氏、太史氏、燧人氏、华胥氏。

氐（dī），指事字，金文为 ᛩ，氏的下面加一横，表示根底、根本。是中国古族名。原生活于中国北部和西部游牧地区，在东汉时期开始陆续内迁，主要居住在今陕西、甘肃、四川等广大地区。从事畜牧、农业。魏晋时大量接受汉族文化和生 产技术。历史上曾建立过仇池、前秦、后凉等国。

氏与氐，作为构字部件，一般做声符表音。凡读音与 shi 相近的，写为“氏”，如“纸”“舐（shì，老牛舐犊）”“扺（zhǐ，扺璧于谷），另外读音为 qí 的芪（黄芪），祇（神祇），底下也没有一点。

凡读音与 dī 相近的，写为“氐”，如“低（高低）”“底（底部）”“邸（官邸）”“诋（诋毁）”“抵（抵达）”“骶（骶骨）”，底下有一点。

5. 巿与市作声符要分清

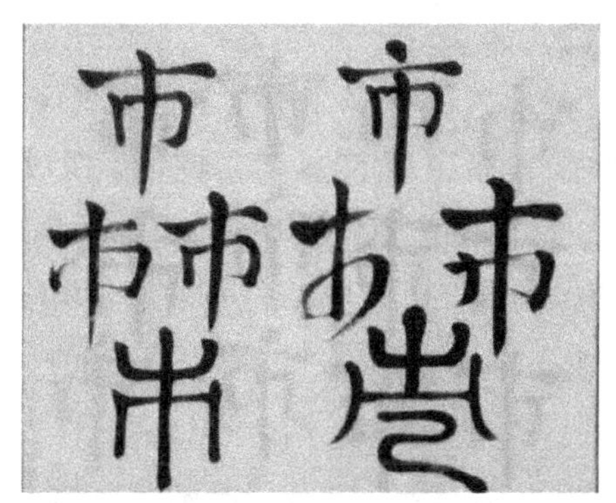

图 3-19　巿与市字体对比图

巿与市在辞书中都是属于“巾”字部，二字十分容易混淆。

巿，“巾”加一横为“巿”，“一”表示腰间博带，“巿”是指博带以下的部分，是古代朝觐或祭祀时遮蔽在衣裳前面的一种服饰。

市，指的是物品交易流通的场所，例：“东市买骏马，西市买鞍鞯”；成语“千金市骨”。

经过数千年的演变现在的人们只认识“市”而不认识“巿”，因为巿在现代汉语中不再单独使用。在碰到包含这二个部件的组合字时，“巿”经常被误认为是“市”。

巿与市，作为构字部件，一般做声符表音。巿读音 fú，凡读音与 fu 相近的，写为“巿”，如著名书法家米芾的“芾（fú）”，另外韵母为 ei 的，也写作“巿”，如肺、沛、霈（pèi）。凡读音与 shì 相近的，写为“市”，如“柿”“铈（化学元素）”。

6. 戊·戌·戍

“戊、戌”古代指两种兵器，现在基本上是天干、地支专用字。“戊”为天干第五位，“戌”为地支第十一位。清代姚鼐《登泰山记》有一句“戊申晦”，是说这一天是戊申日，正好是这个月的月末。《红楼梦》有甲戌本，即脂观斋甲戌年抄阅再评《石头记》。历史上“戊戌变法”，发生于 1898 年，此年为戊戌年，故名。

“戊”常与地支奇位相配为“戊子、戊寅、戊辰、戊午、戊申、戊戌”，用以记年、记日。“戌”与天干奇位相配为“甲戌、乙戌、戊戌、庚戌、壬戌”。“戌日”指腊日（腊月初八），“戌时”指上午七时至九时。“戌腿”，指金华火腿。浙江金华一带在腌制火腿时，为了增加香味，常杂以狗腿，以增加香味，“申猴、酉鸡、戌狗、亥猪”，“狗”对应“戌”，所以称之为戌腿。

“戍”比较常用。戍，甲骨文 = （人，士兵）+ （戈，武器），《説文解字》：戍，守边也。从人持戈。本义为边境卫卒，持戈守卫。原来“戍”中那一点是“人”字一捺演变而来的。

与以上三字字形相近的字还有“戎”“戒”等。

戎，会意字，从戈，从十。“戈”是兵器一种，“十”是铠甲的“甲”。造字本义：名词，戈戟与盾牌，古代兵器的总称。弓、殳、矛、戈、戟为古代“五戎”。引申义为军队、军旅、战争，如投笔从戎、戎装、戎马等。

“戒”古字形是双手举戈（上面“戈”，下面“廾”，像两只手），意思是戒备，如“戒守、戒严”等。又引申为告诫，即劝告应当如何，不应当如何，如“戒训、戒酒、戒烟”等。“诫”加了言字旁，则专指以言警告、劝告。

7. “蕃薯”“蕃茄”为何不用“蕃”

图 3-20 “番薯”错写成“蕃薯”

“蕃薯”“蕃茄”，可谓媒体出上两个最常写错的词，正确的写法应为“番薯”“番茄”。南海出版社 2010 年 7 月版的《快乐番茄》一书，就将书名误写为“快乐蕃茄”。红番薯粉是台湾宜兰特产，该县一家冲浪俱乐部，以“番薯”命名，结果错写为“蕃薯冲浪俱乐部”。而淘宝网，出售“芋头蕃薯”“蕃薯脆片”“蕃薯饼”……更是“蕃”字满屏。

番薯、番茄，这两种农作物的名称，为什么不按常理，不像“莴苣”“芹菜”“荸荠”“草莓”“蒜苗”那样，在“番”上加一个草字头呢？

万物名称皆有渊源，番薯、番茄之所以只能此“番”不能彼“蕃”，是由其出生决定的。番薯、番茄并非中国“土特产”，它们的原产地为南美洲。山东《黄县志》记载："番薯，一名地瓜。明季闽人得之吕宋，乾隆、嘉庆间山东始知种植。"《海阳县志》记载："番薯，相传明初自小吕宋入中国，故称番薯。"从以上两则地方志记载中可以得知，番薯是明朝初年经吕宋（菲律宾）传入中国的。同样，番茄也是由东南亚传入，大约在明万历年间（1573——1620）传入我国，最初作为观赏植物，称为"西番柿"或"番柿"。早在清代初期王象晋所著的《广群芳谱》中即有"番柿"的记载和性状描述："番柿，一名六月柿，茎似蒿，高四、五尺，叶似艾，花似榴，……草本也，来自西番，故名。"从性状描述来看，西番柿就是今天所说的西红柿，因来自西番得名。"西番"是古时对外国的称呼。

大凡带"番"字的农作物，都为舶来品，是从东南亚经水路，传到中国的。除了番薯、番茄外，还有番椒（现名辣椒，原产地南美洲）、番荔枝（原产地南美洲）、番石榴（又名芭乐，原产地南美洲）、番木瓜（原产地南美洲）。这些作物都是哥伦布发现美洲后被带到欧洲，而又随西班牙征服南洋时传入南洋各国，之后传入中国的。

与"番"用法相近的还有一个"胡"字。为了区别于华夏地区，古代中国人称西南边境少数民族为"番"，称北方和西方少数民族则为"胡"。北方民歌《木兰辞》诗句"但闻燕山胡骑鸣啾啾"，"胡骑"指的就是北方少数民族骑兵。岳飞《满江红》"壮志饥餐胡虏肉，笑谈渴饮匈奴血"，"胡虏"即秦汉对匈奴的称呼。

先秦时期，汉族通称长城以北的游牧民族为"胡人"，胡人专指匈奴人。先秦以后，胡人泛指在中国塞北、西域活动的少数民族。西汉，张骞出使西域，大批西域作物和家畜品种通过丝绸之路传入中国，其中有胡萝卜、胡椒、胡桃（核桃）、胡瓜（黄瓜）、胡豆（蚕豆）、胡麻（芝麻）、胡荽（香菜）、胡蒜（大蒜）等。但是，后来因南北朝后赵国君石勒（羯族），避讳用“胡”，改“胡人”为“国人”，这些“胡”字号作物也皆改名。《艺文类聚》卷八十五“豆”引《邺中记》云：“石勒讳胡，胡物皆改名。名胡饼曰麻饼，胡荽曰香荽，胡豆曰国豆。”而今继续沿用原名仅有胡椒、胡萝卜。

考证完“番”字号、“胡”字号作物的由来后，下面来说说与“番”极易混用的“蕃”“藩”。

“蕃”为多音字。蕃（fán），本义为草木茂盛，如“蕃茂”“蕃昌”“蕃芜”，引申为众多、繁多之意，如“水陆草木之花，可爱者甚蕃”；蕃（bō），仅用于中国古代少数民族“吐蕃族”称呼。

藩（fān），本义篱笆，如“藩篱”，引申为屏障，如“藩屏”，继而引申为边远地区、边疆、边界、封建王朝分封的土地、封建王朝属国或属地，如“藩国”“外藩”“藩镇”“藩属”等。

图 3-21 “番薯”错写成“蕃薯”

8. “〇”比“零”更单纯

阿拉伯数字 0 在汉字表达系统中有两种表达形式——〇和零。在实际使用中，0、〇、零经常被混用。例如，用汉字表示 2016 年，写做“二 0 一六年”，“二〇一六年”，还是“二零一六年”？《水浒传》一百零八将，还是一百〇八将？ 309 医院、三零九医院、三〇九医院、三 0 九医院，哪个才是规范的表达？

人类文明发展史中，人类曾创造出至少五千种以上不同的语言，但其中只有五种语言曾经发展出完整的数码字系统。它们分别是埃及数码字、中国数码字、印度数码字、罗马数码字和玛雅数码字。而在这五种数码字系统中，只有玛雅、印度和中国这三种数码字系统具备零概念符号。埃及和罗马数码字并没有零概念符号。阿拉伯数字 0，其实是印度人发明的，13 世纪由阿拉伯传入欧洲，故称为阿拉伯数码 0。

下面我们来考证一下中国汉字“〇”与“零”的起源，然后再来辨析它们的用法。

〇是一个非常独特的汉字，同时也是一个哲学内涵十分丰富的汉字。〇它没有方块汉字的一笔一划，也难分上下左右结构，它圆满地占据整个方格，却表达空无一物的含义。

〇，独特到不被看做是一个汉字。《康熙字典》，作为我国历史上收字最多的一部字典，并没有收录“〇”。甚至连八十年代出版的中国最重要的四大辞书《辞海》《辞源》《汉语大字典》和《汉语大词典》，也没有给“〇”留一席之地（最早收录的是《现代汉语词典》第一版）。

究其原因，或许是因为〇字形太圆满，圆满到无法归类于任何部首，也很难确认它的笔画，所以，长期以来都被当做一种符号而不是一个汉字来对待。然而，既然一、二、三……十早已被作为汉字录入《说文解字》等古今各大辞书，〇当然也应该是完完全全的汉字才对。

还有一种原因，那就是〇的出现与使用远远迟于一、二、三、……十这些数字。用〇来表示0概念，是在金大定二十年（公元1180)，其最早用例见于金《大明历》，例如书中将403写成“四百〇三”，又如书中记录有“十八日，一千二百五十八，二百二十度，迟三度七十八，益三百〇九，缠一千四百七十九”。到宋元时期，数学家已经普遍采用〇表示0概念。

汉字“零”，出现的年代要比〇早得多，中国第一部字典汉《说文解字》就有“零”这个字，但一开始它并不表示0概念。《说文解字·雨部》：零，余雨也。从雨令声。因而“零”最初的意思为零星之雨，引申为（雨、霜、露等）降落，及（涕、泪）落，如“感激涕零”之“零”，又由（雨、霜、露等）降落引申为凋落、凋零。屈原《离骚》：“惟草木之零落兮，恐美人之迟暮。”王逸注：“零、落，皆坠也。草曰零，木曰落。”这里“零”就是“凋零”的意思。

至宋朝，“零”的语义又引申出零头、不成整数之意。宋包拯《再举范祥》：“勘会范祥新法，自皇佑元年正月至二年十二月终，其收到见钱二百八十九万一千贯有零。”

可见“零”这个汉字，被创造出之后并没有作为数字零使用。一直到南宋绍兴年间（公元1131年一1161年），赵彦卫所著《云麓漫钞》中首见以汉字“零”来表示0概念的用法：“城成，周六里半零六十五步，高三丈。”自此汉字“零”成为一个中国数码字，一直沿用至今。（唐建：《汉语0概念符号的

历史来源和系统》）

以上可见，中国人差不多同一时期也就是南宋开始普遍使用〇、零表示0概念。在此之前，中国人曾使用留空白或“口”、“空”“圈”等汉字来表示计数上的空位。“〇”“零”的固定使用，算是真正意义上完善了中国大、小写数码字系统。

现在通用的大写数字壹、贰、叁、肆、伍、陆、柒、捌、玖、拾，作为汉字早在春秋典籍中都已经出现，然而作为大写数字的通行却是在唐代武则天时期。唐武则天颁令通用此套汉字来表示数字完全是为了“书写以防奸易”。

顾炎武在《金石文字记・岱岳观造像记》中考证说：“凡数字作壹、贰、叁、肆、伍、陆、漆、捌、玖、拾等，皆武后所改及自制字。”

因“零”在唐代作为数字尚未发展完成。所以在许多场合下，唐代计数遇到0时，往往采用不表示的方法，如敦煌写本（伯希和）第二六三八号中可以看到“阴僧统和尚唱得布玖仟叁拾贰尺”“计又得布捌佰肆尺”。只有当“零”在南宋作为表空位的数字固定使用，中国大学数字体系才算真正完成。

综上所述，从字源上来看，〇比零单纯，它仅表示“数的空位”，且多用于数字中，零比〇含义丰富，除表示“数的空位”外，还有“零落”“零碎”“零头”“亮度的计算起点（点、零下十摄氏度）”等义项。

“〇”“零”的使用应该注意以下几点：

一、〇，用于汉字小写数字书写，如三〇一医院、公元二〇〇〇年；零，用于大写数字书写，如叁千柒佰零伍圆整。

二、〇用于数码编号，一般涉及编号的场合，一律用〇。2011年开始正式实施的《出版物上数字用法》规定：一个数字用作计量时，其中“0”的汉字书写形式为“零”；用作编号时，“0”的汉字书写形式为“〇”。因此，2006年可以表达为二〇〇六年，也可以表达为两千零六年；水浒传108好汉，是一个数量词，规范表达应该是“一百零八好汉”；医院、学校名称中出现的数字属于编号，应该用“〇”，比如“北京一〇一中”“解放军三〇九医院”等。

9. “贰臣”不能写作“二臣”

1996年8月15日的《新民晚报》上刊登了一篇名为《忠义种种》的文章，其中有一段话：“清朝取得全国政权后，就大举封赠明朝殉难诸臣，而别立二臣传，把投降过来、为王前驱的人物打入另册。”这段话中，出现了一个常识性的错误——“二臣”这个词不应用作此处，而此处应做“贰臣”。

据《现代汉语辞典》解释，“贰”有两种含义，其一为“二”的大写，其二为“变节、背叛”，显然第二个意思与“二”的大写这层含义是相剥离的。

古语中，“贰”含义有多种。《国语·晋语一》中有段话是这样说的，“夫太子，君之贰也”，显然在此处用“变节、背叛”来注释是错误的。韦昭注之为“贰，副也”，即“副手、副职”之意，这符合本段的语境，是比较贴切的理解。而《后汉书·仲长统传》中有“《周礼》六典，冢宰贰王而理天下”，这时“贰”的含义就出现了一定的引申，其义为“辅佐”，由名词转变为了动词。《尚书·大禹谟》中“任贤勿贰，去邪勿疑”中“贰”的含义又发生了变化，这时应做“不信任、怀疑”之意。而在《尚书·五子之歌》中，“太康尸位，以逸豫灭厥德，黎民咸贰”。此中“贰”之含义应为“不专一；怀有二心”，而这一含义，也就与“贰臣”中的“贰”比较相近了。

我国文字记载中“贰臣”一词最早出现在乾隆下令编撰《贰臣传》的谕书中，而通过分析这些《贰臣传》的人，其共有的特点就是分事两朝，或不为前朝效忠到底，“遭际时艰，不能为其主临危授命”。《现代汉语辞典》对“贰”解释为多意字，其中一个意思为“变节、背叛”，由此与“臣”衔接形成的“贰臣”也就可以解释为“变节、背叛了自己主公的臣子”，这种解释与“贰臣”的本意相符。乾隆在谕书中将降清的明朝官员统称为“贰臣”，并认为其“大节有亏”，也贴合了这一含义。

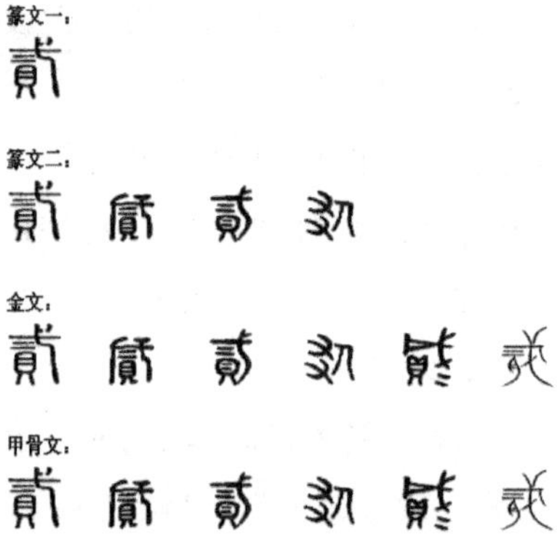

篆文一：

篆文二：

金文：

甲骨文：

图 3-22 “贰”字变迁

就此可以看出，“贰臣”具备两个特点：第一，至少是前朝臣子，或为两朝为臣；第二，没有为前朝效忠到底，出现了变节或背叛前朝的情况。《贰臣传》所收录的洪承畴、祖大寿、尚可喜、孔有德等 120 余人皆符合上述两点。

《现代汉语辞典》对“二”的解释中并无“变节、背叛”的意义在内，只有“数量词”、“两样、别的”、“双、比”等含义，所以如果写作“二臣”，则不具备“变节、背叛了自己主公的臣子”这一“贰臣”的本来含义，只能按其义解释为“两个大臣”，这显然无法与《贰臣传》中的“贰臣”意义一致。

同样是“èr”的汉字，“二”与“贰”在使用上有着多处不同，除了本文所提到的“贰臣”与“二臣”的区别外，在账务管理上，经常要用到大写数字，而小写数字则很少用到，究其原因在于防止更改账目的现象，如“二”减一横就成了“一”，“贰”字则不会出现这种情况。

许多人将汉字数字大小写的由来归功于朱元璋在“郭恒案”后颁布的实行大小写的法令，这一说法有其一定道理，因为自此以后汉字大小写在我国行政部门的统计上率先正规化。但汉字大小写的起源要比朱元璋早数百年。据吐鲁番阿斯塔那35号墓所出《唐麟德元年（公元664年）西州高昌县里正史玄政纳当年官贷小子抄》中记载的内容来看，至少在唐麟德年间（664—665年），我国就已经使用大写汉字进行记录，这也与顾炎武考证的武则天创立汉字大写数字的结果不符。由此看来，出现汉字数字大写方式最大的可能性是在长期的贸易中，我国人民自发形成的更正小写数字易产生纰漏的解决方案。

10. “蜡梅”还是“腊梅”

蜡，根据段玉裁在《说文》中的解释，“蜡”的本义为苍蝇的幼虫。《周礼》上说：“蜡氏负责除去腐败的骨肉。”

腊，与“肉（有关）”，旁冬至后的第三个戌日开始，晒制肉干，以之祭慰百神。“蜡烛”最早为动物分泌的蜡，所以为虫字旁，不能写成“腊烛”，“腊肉”也不能写成“蜡肉”。

罗竹风主编《汉语大词典》的第六卷和第八卷分别收了“腊

梅”和“蜡梅”,并作了不同的解释,把二者看作成了不同的植物。《辞源》(商务印书馆 1983)、《辞海》(上海辞书出版社)只收“蜡梅”不收“腊梅”;《现代汉语词典》(商务印书馆)只收“腊梅”,不收“蜡梅”。在明清至今的作品中“蜡梅”和“腊梅”都有被运用。

“蜡梅”和“腊梅”到底是两种植物,还是一种植物有两种写法?李时珍《本草纲目》这样记载:“此物本非梅类,因其与梅同时,香又相近,色似蜜蜡,故得此名”。可见蜡梅之所以叫蜡梅,是因为其颜色如蜡。而蜡梅通常在腊月十二月开放,于是又有了“腊梅”之称。《中国植物志》第 30 卷《蜡梅科》注释:“蜡梅科(植物学大辞典),别名:腊梅科(植物分类学报)。”

由此可见,“蜡梅”和“腊梅”是同一种植物的两个写法。也就是说,它们是同音、同义而异形的异体词,而不是代表两种不同的植物。“蜡梅”与“腊梅”不能说其中一种写法是错误的。但从异体词整理的角度来说,应确定其中的一种写法是正确的,我们认为应当以“蜡梅”为规范的写法。因为国家权威性的书籍用“蜡梅”。《中国植物志》《中国高等植物图鉴》都用“蜡梅”,不用“腊梅”。还有它的花期不是并不一定在冬日,如果称“腊梅”会给人这梅花只在腊月开放的误会。

11. “杏林”“杏坛”不相干

杏林、杏坛一字之差,但其意思却差别很大。杏林、杏坛虽然都与杏子有关,但二者之间关系不大。

“杏林”是属于中医词语,产生于汉末,出自三国时期医生董奉。董奉与华伦、张仲景齐名,被誉为“建安三神医”。董奉视钱财如粪土,治病取人钱物。他唯一要求是,重症患者在董奉的诊所附近栽五棵杏树，轻者栽种一棵杏树。十年过去之后，董奉的诊所附近有了十万余株杏树。杏果成熟后，董奉用杏果换来粮食，接济附近贫苦百姓。因此“杏林”一词便渐渐成为医家的专用名词。

“杏坛”一词最早出自于《庄子•杂篇•渔父》：“孔子游于缁帏之林，休坐乎杏坛之上。弟子读书，孔子弦歌鼓琴。”庄子说孔子到处聚徒授业，每到一处就在杏林里讲学。休息的时候，就坐在杏坛之上。后来，人们在山东曲阜孔庙大成殿前为之筑坛、建亭、植杏。北宋时，孔子后代又在曲阜祖庙筑坛，环植杏树，以“杏坛”名之。渐渐的，“杏坛”成为教育圣地的代名词。

12. “陷阱”不是“井”

井与阱，读音相同，字形相近，常被误认为是可以通用的，“陷阱”被错写成“陷井”。

井，象形字。《说文》：“象构韩（井栏）形。”古代的井口是用四木交叉搭建而成的。金文“井”中间空处添加一圆点，为打水之器具，《说文》解释为：“瓮（汲具）之象也。”将“井”的本义加以引申，可指类似井的建筑，如天井、矿井、油井、盐井。先秦有“井田制”，就是把面积为一里的土地划分成井字形，也就是就九块，每块百亩，留中间一块为公田，其他的分给八家，所以有“八家一井”之说。井的出现为古代城镇提供了重要的水源，凡人口聚居之处必有井，因此井又成了乡里的代称。《世本•作篇》记载“祝融作市”，颜师古注曰：“古未有市，若朝聚井汲，便将货物于井边货卖，曰市井。”井是共汲之所，市是交易之处，有井自然有市，这两个公共场所连在一起，这便是“市井”的由来。

金文井

甲骨文阱

阱,《说文》:“阱,陷也。”“阱”与“陷”同义。“阱”与“陷”部首相同,都从阜(土山)部,意思与地形地貌有关。甲骨文“阱”,像鹿掉进陷阱中。阱，本义为防御或捕捉野兽的陷坑，上面一般覆盖有伪装物。孔颖达疏 :“陷阱，谓坑也。穿地为坎，竖锋刃于中以陷兽也。”可见“井”与“阱”在形状上有相似之处，但在用途上完全不同。

《礼记·中庸》:“人皆曰予知，驱而纳诸罟（网）擭（装有机关的捕兽木笼）陷阱之中，而莫之知辟也。人皆曰予知，择乎中庸而不能期月守也。”这是孔子对修道的感叹。孔子说：人们都说自己是明智的，但是在利欲的驱赶下，却像野兽落入网罟、木笼、陷阱一样，不知道躲避。人们都说自己是明智的，但是选择了中庸的道理，却一个月也坚持不下去。

《汉书·食货志下》:“夫县法以诱民,使入陷阱。”此句中“陷阱”比喻小人施诈使人受骗上当的圈套，可见陷阱的比喻义早在汉朝就已被使用。

图 3-23 “陷阱”错写成“陷井”

13. “弑医”说法不妥

地方领导留言板·问政前线速递

弑医事件又现 “医疗暴力”原因何在？

医患冲突，网友有话说

2013年10月31日08:25　来源：人民网　手机看新闻

图 3-24 “弑医”事件报道截图

因医患纠纷而引发患者家属伤害医护人员的事件屡有发生，在网络报道中“弑医”这个词时常看到，但实际上“弑医”这种说法是非常不妥的。

“弑”虽有杀害之义，但它特指臣杀君或子女杀死父母。

汉语中表示“杀”之义的有很多近义词，如“屠”“绞”“斩”“戮”“诛”“弑”，这些词的用法都有细微的差别。“杀、弑、诛、戮”四个同义词都有表示“杀”的义项，因此互为同义词，然而在语义范围上又不尽相同。

屠，其本义为“宰杀牲畜”，后逐渐演变为“大量宰杀、残杀”。如《荀子•议兵》“不屠城”，（唐）杨倞注：“屠，谓其城，杀其民，如屠者然也。”《汉书•高帝纪上》“今屠沛”，颜师古注：“屠，谓破取城邑，诛杀其人，如屠六畜然。”可见，“屠”强调其手段残忍杀牲畜一般。

绞，《说文•交部》：“绞，缢也。”《玉篇•交部》：“绞，绕也。”本义为把两股以上条状物扭结在一起。因而“绞”与绳状物有关。《战国策•楚策四》：“遂以冠缨绞王杀之，因自立也。”《北史》卷五十五《列传》第四十三："遣右卫大将军侯吕芬就内省以弓弦绞杀之。"

斩，《说文·车部》："斩，截也。"斩杀，含截断之义，如斩首，腰斩等。

戮，从戈，本义指用兵器杀戮。而"弑""诛"的语义范围就相对更小了，只适用于特定环境。

"诛"表示杀有罪，含有对行为的肯定之义。另外，"诛"除了杀戮之义外，还有讨伐的意思。如：①有罪者必诛。(《韩非子难三》)②寡人率兵入诛不当为王者。(《史记·吕后本纪》)③将军身被坚执锐，伐无道，诛暴秦，复立楚国之社稷，功宜为王。(《史记·陈涉世家》)由上三例可知，"诛"所适用的对象为"有罪者""不当为王者""暴秦"，含有替天行道的意味，是正义的行为。因此，"诛"带有褒义。

"弑"则特指臣弑君或子弑父，以下犯上所谓大逆不道的行为。《左传·宣公二年》"赵盾弑其君"，《史记齐太公世家》"齐太史书曰：崔杼弑庄。杼杀之。其弟复书，崔杼复杀之。少弟复书，崔杼乃舍之"，《史记·齐太公世家》"即与众十月即墓上弑齐君舍，而商人自立，是为懿公"。以上三例均为"下弑上"，是历史上著名的弑君事件。

由上可见，"弑"可用于"弑君""弑父"，但用于"弑医"就不妥了。因为医生与患者或患者家属并无尊卑长幼之分。"弑医"一词，暗含医患之间尊卑贵贱的划分，不利于构建医患之间的和谐关系，还是不用为好。

"杀、弑、诛、戮"四个同义词都有表示"杀"的义项，因此互为同义词，然而在语义范围上又不尽相同。"杀、戮"的意义范围大，泛指一切使他人致死的行为；"弑、诛"的语义范围相对较小，适用于特定环境，“弑”特指臣弑君或子弑父。另外“诛”还有责罚的意思。

三、历史文化寻根篇

1. 妖怪与精灵

在我们的孩提时代，对“妖怪”与“精灵”的想象，总是伴随着好奇、神秘与恐惧的体验。这一点，和人类在上古时期的原始思维是一样的，都是由于茫然无知而产生了对自然与社会的各种幻想。

不同的民族，不同起源的文化传统，对神秘世界的幻想，也是以不同的形态传承下来的。在庞大而芜杂的故事与传说中，我们依然可以把握共同的诸多特征：光怪陆离的形象，超越自然人的各种力量，夸张的情节，充满人性与物性表情与思维。因而，“妖怪”与“精灵”，很多书籍里并没有加以甄别，有人干脆合称为“精怪”，以此泛指怪异、反常的事物和具有魔法与巫术的鬼神。即便在最新的现代汉语词典(第6版)里，对“妖怪”的注释也是“神话中形状奇怪可怕、有妖术、会害人的精灵”。

不加甄别其实并非没有区别，而是现代语境中“妖怪”“精灵”这两个词在中西文化的交融中，逐渐模糊了界限。比如，西方的神话传说中的“妖怪”，翻译过来一律用“精灵”来称呼。但是即便是在西方文化中，差异性仍是存在的，只是我们懒得去辨析而已。基督教的“精灵”，和其它多神教的“精灵”，涵义显然是不同的。

在冰岛的古代神话里，精灵的起源是因为夏娃向上帝隐瞒了她未经洗礼的孩子，这些被隐藏的孩子，不能生活在人类当中，于是便成了精灵一族，他们被认为是未受洗礼的灵魂，介于人类与神灵之间一个种群，安身于天堂与地狱之间。

而在萨满教中，“莽古斯”是萨满神歌中的精灵。它有九个以上的头颅，可以驾驭狂风飞越高山草原，它可以喷火喷毒，可以一口吞食几十个人马。这种精灵的形象，更象怪物恶魔。

中国传统文化中的精灵的形象，与西方及其他文化的精灵的形象，其实有很大的不同。中国文化中的“精灵”一词出现得并不多，我们更熟悉的叫法是“妖精”。所以，在中国文化中“妖怪”与“精灵”的甄别，就成了“妖怪”与“妖精”之别，也就是“怪”与“精”的区别。

《崆峒问答》曰：“物之性灵为精”，“天地乖气，忽有非常为怪”。这里提出了区分妖怪与妖精的“本体说”，究竟是“精”还是“怪”，通常要看它们的本体，自然界中的畜生与植物，通常因为吸收了日精月华，生出灵智修炼成精，获得一定法力，一般称为“精”。《聊斋志异》中的狐狸精，《五虎平西》里的蟒蛇精，《八美图》里的骡子精。植物里就更普遍了，柳树精、花精、人参精等叫法，都来源于本体是有生命的自然物种。而“怪”指的是异物，或者是指变异的物种，也有的是指本体为没有生命的东西，同样因为各种原因，获得道行，拥有法术。《西游记》里妖怪众多，九头虫、黄风怪、兕怪、黄袍怪，都是一群变异的物种；《五女兴唐》中缠住王员外家小姐的妖怪是一只匣子；《和合记》里主人公翁马力捉的妖怪，原来是一只金娃娃；如来佛殿堂前的两只石狮子，每日倾听佛祖的诵经，竟也得道开了灵智，却只能称之为“怪”。

也有特别的例外，最典型的是《西游记》里的白骨精，一具骨架，按例应该称为“怪”，吴承恩偏偏叫她为“白骨精”，风姿妖娆，没有火眼金睛无法辨别。此种安排一定不是作者的无知与随意，或许还有其他的一些原因。

明清小说是传奇志异文学的鼎盛时期，对“妖怪”“妖精”的幻想，早已脱离最初的随意与无序，作者在精怪的命名时，通常会考虑精怪的形象而非本体，也就是通过是否“化形”来区分“妖精”与“妖怪”。具体而言，只有修炼到化出人的形状，才可以说修炼成精，称之为“妖精”。有些动物即使开了灵智，但是还没有化出人形，则依然是“妖怪”。妖怪常常形象异常、面目可憎、保留的兽性更多一点，东海的虾兵蟹将龟丞相，应该都是妖怪了。相比较而言，妖精却更拟人一点，赋予的人性更多，有些神话里的妖精形象也是正面的，蒲松龄笔下的很多妖精，有情有义有容貌，活脱脱就是一位邻家的女子。民间传说里的山精，它的地位，类似山神，就没有那么多邪性。

综上所述，似乎可以得出这样一个结论：“精”与“怪”不是同一级别的“妖”。我们的日常用语里，“妖精”时常会带有一丝褒义，甚至可以比喻姿色迷人的女子，而“妖怪”却是十足的贬义词。

2. 和与合

“凑和”还是“凑合”？“一言不和”还是“一言不合”？“天作之和”还是“天作之合”？

和、合两字，早在甲骨文中已经出现。“和”是形声字，从口，禾声，本义为声音相和、相应，有和谐、协调之意，从而引申出和睦、融洽、和顺等意思。凡是与和睦、和气、关系协调有关的词都用“和”，比如下棋或其他比赛不分胜负叫“和棋”或“和局”。另外，“和”由“协调”还可以引申出“连带”“伴随”的意思，如“和衣而眠”表示衣服伴随自己而睡，“和盘托出”表示连带盘子一起端出来。

“合”是一个会意字，甲骨文为 ，像两物——上为盖，下为底，上下相合为一体。“合”本义为合拢，凡是有两者合拢相符合意思的词，大都用“合”，比如“吻合”“契合”。“凑合”，是两者勉强合在一起的意思，当然不能写作“凑和”。天作之合、百年好合，“合”是配对的意思，是老天爷把他们配为一对。

“不和”与“不合”，前者指“不和睦”，后者指“合不来”。“婆媳不和”强调的是彼此关系的不和谐；“一言不合”“性格不合”“意见不合”强调的是两个个体之间言语、性情、看法上的错位或不相投。

以上为“和”“合”在构词上用法的差异。但在中国文化中“和”“合”却总是并举使用。民间有“和合二仙”，“和合二仙”为掌管婚姻的喜神，一个手持盛开的荷花，一个手捧有盖的圆盒，取“荷盒”（谐音和合）之意，象征家庭和合婚姻美满。

“和合”一词在《国语》中最早出现：“契能和合五教，以保于百姓者也”。该文记录了殷商朝官员——契为使平民百姓安身立命，将五种不同的人伦之教加以融合，实施于社会。由此可见，“和合”表明的是多样性的统一。

“和”“合”联用，“和”强调了矛盾的事物中和谐与协调的重要性，“合”突出了不同要素组成中的融合作用，和合思想与中国各家思想流派相呼应相融合，成为中国传统文化的精髓。

老子认为“道生一，一生二，二生三，二三生万物。万物负阴而抱阳，冲气以为和”，宇宙万物都包含着阴阳正负两个方面，阴阳互相摇荡、互相作用，而形成“和合”。和是宇宙万物的本质以及天地万物生存的基础，也是老子哲学的形而上学的源头。儒家思想的根本亦是追求“和合”，不论是自我修养还是涉及世事，不论是对自然抑或是对政治，只要将冲突放置于“和合”之下加以审视，便可以转化为和谐的力量。当然，儒家并非是提倡无原则“和合”，而是通过无所偏倚的中间道路来获得和谐，这便是“中庸”之道。如此说来儒道相通“和合”。《管子·兵法》云：“和合故能谐。”

“和”与“合”这两个词创造出来的时候是有差别，但“和合”又无处不在。“和合”即事物通过适当的途径联合、结合、和谐并最终达到合一的状态。站在今天的视野里，这不是简单的结合，而是人们对社会生活各个层次、各种冲突与和谐的认识的提升。

图 3-25　和合二仙

3. 宇与宙

宇宙一词，人们常常混为一谈，误认为它们的词义相同，实际上，它们有着很大的不同。

《说文》:“宇，屋边也。”“宇”本义为房檐，后泛指“房屋”。这个“房屋”之义继续扩大,又指“上下四方整个空间”，那就是“天下”。

《说文》:“宙，舟舆所极覆也。”“宙”本义为“栋梁”，后来引申指“凡舟车所到的地方”。“舟车所到”，是此处到彼处的迁移，也是此时到彼时的跨越，所有的过程终将以时间的流逝作为最终的呈现，因此“宙”便有了指称“古往今来所有的时间”的引申义。

《庄子•庚桑楚》指出:“有实而无乎处者，宇也。有长而无本剽者，宙也。”“本剽”，即始终。“宇”是空间的总称，指四方上下浑然的实体，然而没有固定的场所。“宙”是时间的总称，有长久的时间观念，然而没有始终，天地是长久的存在。刘安《淮南子•齐俗》提出:“往古来今谓之宙，四方上下谓之宇。”

古人用“宇”来指东、西、南、北四面八方的空间,用“宙”来指古往今来的时间。“宇”“宙”二字合在一起便是“天地万物”，不管它是大是小，是远是近;是过去的，现在的，还是将来的;是认识到的，还是未认识到的。

古人用“宇宙”一词来比喻空间与时间，反映了当时人类对时空的认知水平，站在今天的理解上评价，既有局限性，也有一定的先进性。把空间划分为东西、南北、上下，这是空间的有限性和相对性，就空间的客体来说，它是无限的绝对的。

古人把时间划为早晚、昼夜、季节，古今之分，这是时间的有限性和相对性，就时间的客体来说，它是无限的、绝对的。

因此，宇宙一词，沿用到今天，其区别渐渐不为人知，也是反映了时间和空间，都是有限与无限的统一，相对与绝对的统一。

4. 皇榜与黄榜

图 3-26　电视剧《三揭黄榜》剧照

由王刚、徐挣、曾宝仪主演的电视剧《三揭黄榜》，讲述的是明朝大奸臣魏忠贤与其在当太监之前所生的儿子之间的恩怨。剧中的付应星，误打误撞中竟然三揭黄榜：一揭求雨；二揭为国家重臣治病；三揭去边关和满洲人谈判。网站和报纸上有关这部电视剧的介绍，有的写成《三揭黄榜》，有的写成《三揭皇榜》，到底孰是孰非？一时难以分辨。

皇帝的家族叫做“皇族”；皇帝居住的地方叫做“皇宫”，皇帝的车驾叫做“皇驾”；帝王的基业叫做“皇基”；皇家的亲戚叫做“皇亲国戚”。依此类推，是不是封建社会皇帝发布的文告应叫做“皇榜”呢？

《汉语大词典》中都没有“皇榜”一词，“黄榜”条下注：

亦作“黄牌”。释义如下：

①皇帝的公告因用黄纸书写，故名。

②殿试后朝廷发布的榜文也称黄榜。

“黄榜”虽然是以皇帝的名义发布的，加盖了皇帝的大印，但却不叫“皇榜”。因为自汉代开始，黄色本身就代表着一种至尊的地位。

《史记 · 孝武本纪》载：(太初元年)夏，汉改历，以正月为岁首，而色尚黄。自高祖以后老百姓就不能随便穿黄色衣服了。到了明朝，臣下一切不得用黄”，更不用说百姓用“黄”了。

历史上，除“黄榜”外，许多与皇帝有关的事物都带有“黄”字。皇帝的仪仗称作“黄钠”；皇帝的仪仗用的旌旗称作“黄庭”；皇帝的车盖或宫室称作“黄屋”；皇帝的沼救用黄纸书写称作“黄救”。这些“黄”字都不能写成“皇”，在封建社会，“黄”是一种至尊的颜色，本身就象征着皇家和与皇家相关的一切。为什么黄色会成为至尊的颜色呢？因为五行中“土”居中，为黄色，中国文化贵和尚中，五个方位“中”为最佳，皇帝居中，为至尊。因为皇宫城墙为黄色，而故宫不种植树木，是因为忌讳“木克土”。

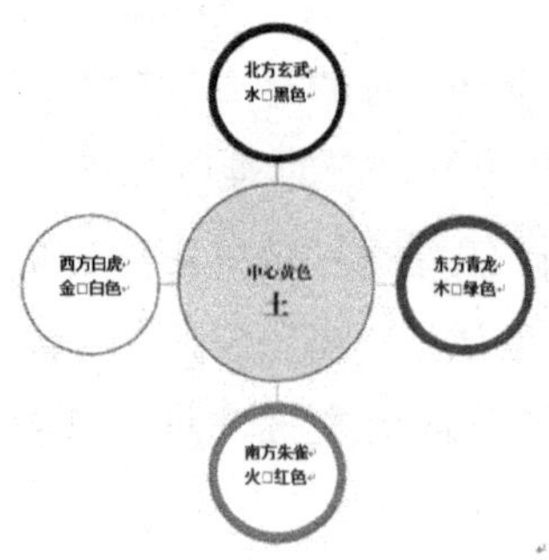

图 3-27　五行与方位对应图

传说黄帝以土为德，故称“黄帝”，炎帝以火为德，故称“炎帝”，中国人作为炎黄子孙，红、黄二色自然成为中国文化的代表色。皇帝之“皇”为“白王”，“白”指“空白”“空前”，“王”指王者。“白王”表示“空前的王者”“以前没有过的王者”。本义：始王天下者。中国第一个皇帝为秦始皇，他之前，没有人称“皇帝”。但是“皇”“帝”二字早已有，𡈼、帝（金文）。秦始皇之前，皇、帝分开用，如“三皇五帝”。秦始皇统一全国后，自认为是“德兼三皇，功高五帝”，将“皇”、“帝”两个人间最高的称呼结合起来，为自己的号，从此天子称为皇帝。

中国人经常讲这样几句话“皇天后土”“皇天在上”“皇天不负苦心人”，有人写作“黄天后土”“黄天在上”“黄天不负苦心人”，到底哪一个正确呢？

《左传·僖公十五年》："君履后土而戴皇天，皇天后土，实闻君之言。”意思说：脚踩大地头顶苍天，天地自然听到你说的话。皇天、后土是古人对天地的尊称。天，还可称“苍天”“青天”“上苍”“老天”“老天爷”，但是不可称为“黄天”，因为天向来不是黄色的。

“黄天”一词出自于“黄巾起义”，东汉末年的张角以“苍天已死，黄天当立，岁在甲子，天下大吉”为口号兴兵反汉；“苍天”指汉王朝，汉代官员军队的衣服以苍青色为主，“黄天”是指黄巾起义军，黄巾军以头帮黄巾为标志，意味推崇土德。

所以“皇天后土”“皇天在上”“皇天不负苦心人”为正确写法，“黄天后土”“黄天在上”“黄天不负苦心人”是错误的写法

然而“皇历”“黄历”则不同，它们可以并用，黄历也叫皇历。“皇历”即古代官方历书，是古代帝王遵循的一个行为规范的

书籍，这里面不但包括了天文气象、时令季节而且还包含了人民在日常生活中要遵守的一些禁忌。由于形成之初，只有皇帝家族才可以用的，所以就叫“皇历”。

5. “貂婵”还是“貂蝉”

图 3-28 “貂蝉”错写为“貂婵”

貂蝉，因其美貌被称为中国古代“四大美女”，也因此使后人在书写她的名字时候，常常误写为“貂婵”。某网站在公布影片信息时，将电视剧《貂蝉》的剧名写作《貂婵》；某军事基地网站为《貂蝉怎么死的》一文所配图片中标注“貂婵闭月”；而某出版社《妇女词典》，“貂蝉”词条误写为“貂婵”。

“貂蝉”之“蝉”为何是昆虫之“蝉”，而不是多用于女性之名的“婵”呢？

首先我们来考证一下“貂蝉”这个人。

其实中国史书中并没有关于貂蝉的记载，可以这样说，貂蝉只是一个传说，并非历史中真实人物。但是《三国演义》与元杂剧中的貂蝉在史籍中是可以找到其原型的：

其一，吕布手下部将秦宜禄的妻子。在《三国志·关羽传》

中说，秦宜禄的妻子长得颇有姿色，关羽原本想把她娶来做妻子，但是却被曹操留下了，这引起了关羽的嫉恨之心。性子刚烈的关羽，一怒之下就杀死了秦宜禄的妻子。由此事还衍生出元杂剧《关公月下斩貂蝉》。

其二，董卓的婢女。在《后汉书·吕布传》中记载，董卓派吕布看守宫中的小门，吕布却趁机与董卓的婢女私通。此记载与《三国演义》中情节吻合。

其三，吕布的妻子。据《三国志·吕布传》中记载，吕布的妻子曾说过“妾昔在长安，已为将军所弃，赖得庞舒私藏妾身耳，今不须顾妾也。”由此可见，貂蝉这一形象有吕布妻子的影子。

所以，貂蝉是根据历史素材塑造的一个文学形象。那么，她为什么叫“貂蝉”，而不是“貂婵”？这个名字有什么由来呢？

山西社科院孟繁仁先生，对历代文人作品与民间传说中的“貂蝉”作考证后得出这样的结论：貂蝉，任姓，小字红昌，出生在并州郡九原县木耳村，15岁被选人宫中，执掌朝臣戴的貂蝉冠，从此更名为貂蝉；东汉末年，各地军阀割据混战，社会混乱不堪，汉末宫廷风云骤起，貂蝉出宫被司徒王允收为义女。可见，貂蝉的名字取自于“貂蝉冠”。

古代多用貂毛、貂尾做官员头冠上的装饰物，管它叫“貂饰”：用貂毛装饰的冠叫“貂冠”；用貂尾装饰的冠叫“貂冕”；插在帽子上的貂毛叫“貂羽”。《后汉书·舆服志·下》记载“侍中、中常侍加黄金珰，附蝉为文，貂尾为饰”，意思就是汉代的侍从官员都用金蛸饰首，再点缀以貂尾、蝉羽。用“貂”尾取其颜色好、柔和而又不刺人；用“蝉”羽取其清高饮露而不食。

《宋史·舆服志》中也提到“貂蝉冠”，并说明“上缀玳瑁蝉”“左插貂尾”。可见“貂蝉”对历代服制影响之大。宋代陆游《草堂拜少陵遗像》中就有“长安貂蝉多，死去谁复还”的诗句，这里的“貂蝉”，借指达官贵人。

由此可见，“貂蝉”这个名字，由冠上装饰物的“貂”“蝉”而来，将它写成“貂婵”是没有任何根据的。

6. 水性与杨花

在文学作品中，我们经常读到“水性杨花”这个成语。有人写为“水性扬花”，“扬花”是动宾词，可理解为植物开花，花药裂开，花粉飞散，其意与“水性杨花”略有相近，但是却是误写，“水性杨花”不是飞扬的“扬”，而是杨柳的“杨”。

水性杨花，《现代汉语词典》（第六版）解释为：“水性流动，杨花轻而随风飘扬，形容妇女作风轻浮，用情不专一。”可见，“水性”与“杨花”是并列关系，水的任意流动性与杨花的轻飘飘随意性是有共同之处的，它们在这个比喻义的成语中共同充当喻体。

那么，这里的“杨花”就是杨树的花吗？其实不然。中国古典诗词中，杨花往往被认为是柳树的花，也就是柳絮。苏轼《水龙吟》：“细看来不是，杨花点点，是离人泪。”陆游《秋波媚》：“扬子江头杨柳春，杨花愁杀渡江人。”这两首描写离愁别绪的诗中出现的“杨花”应该是指柳树的花。为什么会这么认为呢？

我们知道“柳树”在古典文学中有着特殊的含义。古人与亲人朋友离别时，折柳条，唱离歌，因为“柳”与“留”谐音，折柳相赠，可表达殷殷挽留之意，依依惜别之情。刘禹锡《杨柳枝词》：“长安陌上无穷树，唯有垂柳管别离。”李白《春夜洛城闻笛》：“此夜曲中闻折柳，何人不起故园情。”

而在古代“柳树”又通常被称为“杨柳”。离别诗中，“杨柳”一词出现得次数比“柳树”“柳条”“柳枝”还要多。柳永《雨霖铃》:“今宵酒醒何处，杨柳岸，晓风残月。”刘禹锡《竹枝词》:“杨柳青青江水平，闻郎江上唱歌声。”王之涣《凉州词》:“羌笛何须怨杨柳，春风不度玉门关。”南朝费昶《和萧记室春旦有所思》:“水逐桃花去，春随杨柳归。杨柳何时归，袅袅复依依。”透过这些诗句，杨柳“依依”“袅袅”的身影穿越时空扑面而来。而“依依”“袅袅”是绝不会用来形容杨树的，因为杨树叶圆、树高、枝挺，是绝无此态的。

当代《汉语大词典》中所收录的以“杨柳”为词素的三音节词十余条，其中的“杨柳”的意思皆为“柳”，如“杨柳腰”就是“柳腰”的同义词。这些都足以证明古诗词中“杨柳”便是现在的“柳树”。如果“杨柳”即“柳树”，那么江岸之上，随着踏歌声，在风中飘扬，“杨柳青青著地垂，杨花漫漫搅天飞”，表达凄迷别离之情那就应该是柳絮无疑了。

那么杨花又是这么与“水性”联系在一起的呢？

关于“水性杨花”有这样一个出处，据说北魏灵太后胡氏，生性风流痴情，晚年爱上侍卫杨白花，后来杨白花离她而去，胡太后为其赋诗一首：

阳春二三月，杨柳齐作花。

春风一夜入闺闼，杨花飘零落南家。

含情出户脚无力，拾得杨花泪沾臆。

春去秋来双燕子，愿衔杨花入窠里。

在这首诗里，胡太后只是借杨花的飘零来寄托自己的相思之情，杨花与水性风流并没有什么关系。但后来北魏秀容人尔朱荣攻入洛阳，颠覆了当时的朝廷，将太后和小皇帝沉入河中淹死。后人谈起此事，遂以“水性杨花”称呼之。自此杨花与水性搭配，用来形容女子性情像水一般流动，行为像杨花一样飘摆不定，作风轻浮，感情不专一。明朝戏曲《小孙屠》中有这样唱词：“你休得假惺惺，杨花水性无凭准。”《说唐》第五十八回描写张尹二妃（《旧唐书》称李建成、李元吉与庶母尹德妃和张婕妤私通，淫乱后宫）时就用到了“水性杨花”：“张尹二妃终是水性杨花，最近因高祖数月不入其宫，心怀怨望。”高鹗续写的《红楼梦》第九十二回也出现了这样的句子：“大凡女人都是水性杨花。”如果换做曹雪芹是断然不会这样写的。

7. 问鼎与夺冠

近年来，“问鼎”与“夺冠”这两个语词，频频出现在媒体的报道中，特别是在体育新闻报道中，更是频繁使用，“问鼎世界杯”、“勇夺冠军”、“问鼎天下”、“历史性地夺得冠军”等等，不一而足。

在这些报道中，“问鼎”与“夺冠”，似乎可以完全等同，很多时候它们被随意混合使用，鲜有关注到它们的差别，也不太有人去思考它们的使用是否合乎规范。

《现代汉语词典》（第六版）指出了“问鼎”一词的来源及词义：（1）春秋时，楚子（楚庄王）北伐，陈兵于洛水，向周王朝炫耀武力。周定王派遣王孙满慰劳楚师，楚子向王孙满询问周朝的传国之宝九鼎的大小和轻重（见于《左传·宣公三年》）。楚子问鼎有夺取周王朝天下的意思。后用“问鼎”指图谋夺取政权：问鼎中原。（2）借指在比赛或竞争中夺取第一名：这次比赛主队连输几场，失去问鼎的机会。相比之下，《现代汉语词典》对“夺冠”一词的注解，就简单得多，“夺冠，夺取冠军”。“问鼎”与“夺冠”的差别，由此可见一斑。

鼎是中国古代极其重要的青铜器，通常三足两耳。鼎最初是一种用来烹煮肉和盛贮肉类的器具。后来因用于烹饪祭祀给神的牺牲，而上升为礼器，成为传国宝器。鼎又是旌功记绩的礼器，周代的国君或王公大臣在重大庆典或接受赏赐时都要铸鼎，以旌表功绩，记载盛况。传说大禹在建立夏朝以后，将天下九牧所贡之铜铸成九鼎，象征九州。商代时，对表示王室贵族身份的鼎，曾有严格的规定：士用一鼎或三鼎，大夫用五鼎，诸侯用七鼎，而天子才能用九鼎，祭祀天地祖先时行九鼎大礼。因此，“鼎”很自然地成为国家拥有政权的象征。

“问鼎”一词的最初涵义，有图谋篡夺政权的意思。后来随着时间的推移，“问鼎”的语义也逐渐出现了一些细微的变迁。例如蒲松龄在《聊斋志异·孙生》中写道：“孙屡被刺剟，因就别榻眠。月余，不敢问鼎。”这里的问鼎，就有了很大的不同，指的是“图谋性事”的意思。可见问鼎强调是“问”字，有图谋、进取之义。问鼎强调的是追求的过程，甚至是一种意愿，并不一定是完成的状态或既定事实，故有“问鼎之心”的说法。

《现代汉语词典》（第六版）对“问鼎”的第二种注释，是现代出现的语义的较大变迁，从字面的理解，确实有夺冠、第一的意思，与之相近的词语还有：折冠、独占鳌头、夺魁等等，但是相比起来，“夺冠”一词更强调其结果——第一名、冠军、榜首，至于是什么性质与格局的比赛成绩，可以是世界杯、奥运会这种重大的比赛，也可以日常游戏性质的各类小项目比赛，只要获得第一名，都可称之为“夺冠”。而“问鼎”则显得更为庄重、严肃，一般只在重大意义的比赛中夺得第一名时，方可郑重其事地用上“问鼎”两字。

"问鼎"和"夺冠"，前者古朴，后者现代；前者庄重，后者通俗；前者意蕴多重复杂，后者涵义浅显简单。在使用过程中，要充分体味它们的差异，切记不可随意。

8. "黄藤酒"还是"黄縢酒"

"红酥手,黄縢酒,满城春色宫墙柳。东风恶,欢情薄……"，陆游的这首《钗头凤》可谓家喻户晓，但遗憾的是诗中的"黄縢酒"总是被人误写成"黄藤酒"或"黄滕酒"。

"黄藤酒"顾名思义是用黄藤泡成的酒，"藤"是形声字，指某些植物的匍匐茎或攀缘茎，如白藤、紫藤、葡萄等的茎。生活中有没有"黄藤酒"不太清楚，但是汉语中"黄藤"倒却有其物，是一种药草，主治饮食中毒，利小便。但是，用黄藤浸泡的"黄藤酒"都与陆游诗中的"黄縢酒"相去甚远。

"縢"，从字形上看为"月"旁，但其本义与"月亮"无关，与"肉"也无关。"縢"这个形声字比较特别，从糸，朕声，它形符是其右下方的"糸"。所以,"縢"在《说文》中与线、绳、缠同属一部。縢的本义是绳索，后来引申出缠束、封闭等义。

《尚书》中有一篇《金縢》，记载了一段有趣的历史。武王伐纣后两年，得了重病。当时天下尚未安定，殷民心怀不服。武王的健康关系天下的安危，所以周公亲自请于先王，愿代替武王去死。祝告的册书收藏在"金縢匮"（一种用金属制带子绑束的收藏书契的柜子）。武王死后，成王继位，周公辅政。成王不信任周公,两人之间发生隔阂。后来因一次偶然的天灾，成王打开"金縢匮"，发现了周公请求代替武王死的册书，深受感动。史官于是记下此事，篇名为《金縢》。

宋时官酒通常以黄罗帕或黄纸封口，因此得名"黄縢酒"

或“黄封酒”，省称“黄縢”或“黄封”。宋代诗词中出现“黄縢”“黄封”指的就是酒。苏轼《岐亭》诗之三：“为我取黄封，亲拆官泥赤。”王文诰辑注：“京师官酒以黄纸或黄罗绢羃（mì，古同‘幂’，覆盖）瓶口，名黄封酒。”陆游《病中偶得名酒小醉作此篇是夕极寒》诗：“一壶花露拆黄縢，醉梦酣酣唤不譍（古同‘应’）。”陆游在《钗头凤》里所说的，正是这种官酒。

也有人将“黄縢酒”写成“黄滕酒”。滕，从水，朕声，本义水向上腾涌，引申为张口放言，如《诗·小雅》：“百川沸滕。”历史上并没有黄滕酒这种名称的酒。

9. “紫薇星”还是“紫微星”

紫微、紫薇是两种不同的事物，但如今常有人将“紫微星”误写作“紫薇星”。

紫薇，落叶小乔木，夏、秋之间开花，淡红、紫色或白色，花期长，有“百日红”之称，树皮光滑洁净，故又名“无皮树”。还珠格格中紫薇便是以花为名。

紫微星是古人对北极星的一种称呼，北斗七星围绕着紫微星四季旋转。如果把天比作一个漏斗，那紫微星则是这个漏斗的顶尖，也就是天的中心，因此紫微星被认为是众星之主。紫微星垣是以北极星为中枢的星群，古人认为紫微星垣居于中天，位置永恒不变，是天帝的居所。因此，把天帝居住的天宫称作紫宫。

封建社会的帝王们常自比为天子。天子率领朝臣和治理天下，与紫微星位居中央为群星拱位的天象相符。天子办理朝政与日常居住的地方也应该是天下的中心，所以对应“紫微宫”，取名“紫禁城”。就连皇宫和皇城的建筑方位也会按照天上的星宿方位来设计。比如太微垣南有三颗恒星，为了与此呼应，在建造紫禁城时就在紫禁城的前面建造了午门，东西两侧建造了左、右掖门。在午门与太和门之间，有金水河穿行而过，也好比是天上的银河。

与文曲星下凡类似，中国历史上也有很多紫微星下凡的传说。《封神演义》中周文王长子伯邑考被姜子牙封为“紫微星”；道经正传中记载，武则天为“紫微星”下凡；在清朝嘉庆年间，还流传着《白蛇传》中的蛇仙白素贞是天上紫微星转世到人间渡劫。

10. “吃荤”≠“吃肉”

生活中，我们谈论饮食的时候，经常会说“荤素搭配”“多吃素，少吃荤”“馅儿是荤的还是素的”等。这些话里的“荤”，指的是肉食，可是“荤”为什么是草字头呢？

根据汉字偏旁部首表意功能，草字头的字通常都与植物有关，跟肉有关系的字一般会有一个“月（肉）字旁”，例如“肠”“肥”“肌”等等。

其实“荤”原本指的就是一种蔬菜。《说文》：“荤，臭（xiù）菜也。”臭菜指气味很浓的菜，如大蒜、葱、香菜、洋葱等。佛家以大蒜、小蒜、大葱、韭菜、兴渠（阿魏，一种印度香料）为“五荤”，又称“五辛”。佛家认为“五荤”气味不洁，吃后口生异味，且燥热易淫，故戒之。而辣椒、胡椒、五香、八角、茴香、桂皮等，虽有气味，但吃了不使人口生异味，所以不算荤菜，不在戒律所限。

根据佛教经典《戒律广本》记载，佛教教规中并没有吃素的戒律，僧徒托钵化缘，沿门求食，无法多讲究，遇荤吃荤，得素食素。赵朴初在《佛教常识问答》一书中也如此解说：“比丘（指受过具足戒之僧男）戒律中并没有不许吃肉的规定。”

只是由于佛教主张“戒杀”“放生”，所以只食“三净肉”，即不自己杀生、不叫他人杀生、不亲见杀生的肉可食用。如今，印度，斯里兰卡等国家的洋和尚，中国蒙、藏、傣等少数民族的和尚，都允许吃“三净肉”。

现代汉族佛家弟子食素不吃肉的戒规，是南朝梁武帝萧衍的提倡下才形成的。南朝梁宗懔《荆楚岁时记》：“梁有天下，不食荤，荆（称自己妻子的谦辞）自此不复食鸡子，以后常则。”《水浒全传》（第五回）鲁智深道：“洒家不忌荤酒，遮莫甚么浑清白酒，都不拣选，牛肉狗肉，但有便吃。”这里的“荤”就已经指的是肉食。

在中国历史上，南朝的梁武帝萧衍，是个笃信佛教的皇帝，自称“三宝奴”。他先后四次跑到当时的同泰寺脱下帝袍，换上僧衣，舍身出家。萧衍不仅几次入寺做和尚，还精心研究佛教理论。经书里规定“戒杀生”，萧衍认为“戒杀生”并不彻底，要禁食肉。禁肉，杀生还有什么用？于是，他下旨倡导臣民吃素，和尚一律不准吃肉，天地神明祖宗也一样，所以当时祭祀的供品，不准再用猪牛羊（三牲），统统改成用面捏成的替代品。晚唐诗人杜牧有诗云：“南朝四百八十寺，多少楼台烟雨中。”可见当时在皇帝的推行下，佛教是多么兴盛。

自此，佛教徒既忌食“五荤”，又忌食腥膻的肉类，于是原来的“荤辛”一词就变成了“荤腥”。久而久之，荤、腥混用，泛指动物肉类食品，并将与“荤”相对的“素”泛指植物食品了。《现代汉语词典》只收“荤腥”一词，没有“荤辛”一词。在生活用语中，人们渐渐忘记了“荤”真正的含义。但是，真正的素食主义者，是将蒜、葱、韭等排除在饭桌之外的。

11. “凤求凰”与“凰求凤”

某报刊登了这样一则消息：女生寝室征“护花使者”，开“凤求凰”之先河。此标题中用“凤”指女生，用“凰”指男生，实则犯了雌雄颠倒的错误。

凤凰是传说中的神鸟，雄称“凤”，雌称“凰”。《诗·大雅·卷阿》：“凤皇（“凰”原作“皇”，凰为后起字）于飞，翔翔其羽。”《毛传》：“凤皇，灵鸟，仁瑞也。雄曰凤，雌曰皇。”先秦文献中比较多写到凤凰的当属《山海经》，但《山海经》中有时将凤、凰分作两种鸟，有时又将凤凰合称为一种鸟，如《山海经·大荒西经》曰：“有五彩鸟三名：一曰皇鸟、一日鸾鸟，一曰凤鸟。”这是将凤、凰、鸾分开列举。而《山海经·南山经》“有鸟焉，其状如鸡，五采而文，名曰凤皇”，则是把凤凰连用作为一种鸟名。据吴艳荣先生《中国凤凰》考证，“到西汉凤凰无论是自然属性上还是人格意义上的雌雄分化都明确无疑了。当然，很多时候文献又将凤凰合称为一种鸟”。可见，在古代，凤凰即可分开指雌雄两鸟，也可合成指一种鸟。

当“凤凰”连用时，“凤凰”简称“凤”，成为雌鸟的通称，并且与“龙”相配。秦汉以后，帝王开始比附龙，后妃开始被比附凤，“龙凤呈祥”“龙飞凤舞”“龙凤和鸣”“龙凤双全”等吉祥成语和图案，广泛用于宫廷文化、节庆文化、婚庆文化之中。渐渐的“凤”成为女性的象征，凤冠、凤带、凤钗都是古代有身份的女子的饰物，人们称女子漂亮的眼睛为“凤眼”、“凤眸”，给女子起个名字也总是带个“凤”字，报刊上还有“望女成凤”的说法。

可见，“凤”作为“凤凰”的统称时，无需分辨雌与雄。但是，当“凤”与“凰”作为一对分别表述时，就得分清雌雄了。《凤求凰》汉代著名的古琴曲，是司马相如弹给卓文君的求爱曲。演绎了司马相如与卓文君的爱情故事。这里的“凤”指的是“司马相如”，“凰”指的是卓文君。

12. “奈河桥”还是“奈何桥”

中国民间，有一个奈河桥的传说。关于此桥，存在两种流行的说法，一种叫做“奈河桥”，另一种叫做“奈何桥”。

“奈河桥”，顾名思义，指的是建在奈河之上的一座桥。奈河是道教和民间所说的地狱中的一条河，据《宣室志》第四卷的记载：“行十余里，至一水，广不数尺，流而西南。观问习，习曰：‘此俗所谓奈河，其源出地府。观即视，其水皆血，而腥秽不可近。”因河上有桥，故名“奈河桥”。桥险窄光滑，有日游神、夜游神日夜把守。桥下血河里虫蛇满布，波涛翻滚，腥风扑面，同时奈河桥也是是中国道教观念中鬼魂历经十殿阎罗旅途后，准备投胎的必经之地。在奈河桥上，有一位孟婆，会给每个鬼魂一碗孟婆汤，以遗忘前世记忆，好投胎到下一世。传说死者到了奈河桥，生前有罪的要被两旁的牛头马面推入“血河池”遭受虫蚁毒蛇的折磨，而生前行善的死者过桥，却能顺顺利利通过。

另外一种叫奈何桥，是取汉语中“无可奈何”之意，刚好对应了人在转世投胎时对自己生前愿望的遗憾和无奈。

那么在黄泉路上，是奈河桥？还是奈何桥？奈河桥应该是地道的佛教术语，也就是说这个词可能是来源于佛教的正源词汇。而奈何桥一名，是中国人的特产，它融合了中国人的“地狱观”和佛教“转世轮回观”。

那么，何时使用奈河桥？何时又使用奈何桥？根据上述分析，如果涉及佛教，且偏重于过桥时很可能要受罪，或是过桥要通过重重考验，若未通过则坠入桥下不能重生，则使用奈河桥。如果只是过桥到阴曹地府的阎王殿报道，则使用奈何桥。虽然过奈何桥依然可能要受苦，但奈何桥貌似已经弱化了受苦的含义，它成了进阴间的必经之地，而且强调的是灵魂的无奈和对人间的留恋。

奈河桥是没有无奈这层含义的，奈河桥窄而险，没有栏杆遮挡，会让人望而生畏，起到的只是筛选善恶鬼的作用；奈何桥有护栏，其下不是奈河而是血水池。

13. 汗青与杀青

文天祥《过零丁洋》:“人生自古谁无死，留取丹心照汗青。”诗中用“汗青”借指历史，汗青是什么？为什么能用汗青来表示历史呢？《现代汉语词典》中解释“汗青”：①古时在竹简上记事、采来青色的竹子，要用火烤得竹板冒出水分才容易书写，因此后世把著作完成叫做汗青。②史册。这些说法都指出了“汗青”与书籍与历史的借代关系，但在具体细节上却有值得怀疑的地方。

中国最早的真正意义上的图书，应该是竹简图书。竹书是用竹子劈成长条状制成的。一根竹片称为“简”，多根“简”用绳子编起来，成为“册”，“册”字就是竹简被穿起来的象形。册也称“编”，又写作“篇”。用丝绳编的称为“丝编”，用皮绳编的叫做“韦编”。编好的竹简卷成一束，便成为一卷，长文则可以分为多卷。至今，我们的文章、书籍，都还沿用了“篇”“卷”“册”这些量词。其他像“书籍”的“籍”、“账簿”的“簿”，都是由于与竹简相关而有了竹字头。

汗青跟竹书有关，用火烤得青竹片渗出水珠，像冒汗。那为什么需要烤呢？因为竹片烤后才容易书写与保存，一方面是因为新竹含有水分，容易腐朽和遭虫蛀，所以制作之前先要用火烤炙，让它“出汗”，去其青色，另一方面则要涉及古代的书写方法了。古代的竹简有刀刻、炭写、漆写等多种书写方法，最初的时候应该是以刀刻为主。刀刻书简一般刻于竹片青皮上，竹青炙烤之后变黑，刻写的字黑底白字，笔画就很分明。

后来毛笔普及了，竹简上的文字就大部用笔书写。毛笔如果写在竹青上会黑碰黑，字迹模糊，所以竹简用作毛笔书写，须经过“杀青”的处理，即先削去外表青皮，刮去外表青皮后的内里叫“竹白”。竹白用来书写文字，墨迹吃得较牢，文字就不易更改。后代人引用竹白上文字不可更改之意，来表示事情已下定论、已经结束，于是又以“杀青”来比喻作品完成而不再改动，如杀青付梓，指定稿后交付印刷。“杀青”也是常见的电影术语，表示一部影视作品拍摄工作结束，开始步入到后期制作阶段的说法。

14. “纹身”还是“文身”

“纹身”还是“文身”？报章用字多用“纹身”，词典却只收“文身”。那么“文身”和“纹身”这两个词到底哪个是正确的？

“文”是个象形字。《说文解字》说：“文，错画也。”王筠注：“错者，交错也，错而画之，乃成文也。”“文”有装饰、遮掩、遮盖的意思，“文身”是用纹样装饰身体的意思，中国有句成语叫做“文过饰非”，意思是用漂亮的言词掩饰自己的过失和错误。《论语·子张》：“小人之过也必文。”这里的文是掩盖的意思。“文”字只能做动词，而“纹”本来专指丝织品上的花纹。

如花纹、纹理、纹路等，是名词。“文身”显然是个动宾结构短语，从这层意义上来说，“文身”是正确的。

还有一种观点，文和纹属于通假字，文身也可以写纹身。从文字的源流上看，“文”是“纹”的本字。段玉裁《说文解字注》：“纹者，文之俗字。”这就是说，在“纹”字出现以前，所有今天用“纹”的地方都用“文”字，而“纹”字出现以后，至少有一个时期，“纹”在某些地方是可以与“文”等同的，同时“纹”字逐渐分担了“文”字的“花纹”之义。这种后起汉字叫做原汉字的“区别字”，有了它们，汉字使用分工更细致，表义更明确。据统计，在互联网上，“纹身”出现的频率远远高于“文身”。现代汉语中，“文”的意思比较抽象，多与文字、文学、文化等相关，而“纹”的含义较具体，多指花纹、文理、纹路等事物。“在人体上绘成或刺成带颜色的花纹或图形”是具体的，所以有人认为，用“纹身”自然比用“文身”更符合人们的认知心理。

虽然对于“文身”和“纹身”二字的用法争议较大，但是有两点是可以肯定的，其一，“纹身”原为“文身”；其二，现阶段“文身”和“纹身”两者可通用，并且“纹身”有取代“文身”的趋势。

15. 宏基还是宏碁

图 3-29 “宏碁”错写为“宏基”

宏碁集团是台湾的电脑制造公司，由施振荣等人于1976年创立，是全球第四大个人电脑制造商。其出品的宏碁“Acer”电脑，经常被卖家或卖家写为“宏基”。

碁与基，读音不同，字义不同。碁，音qí。《玉篇・石部》：“碁，音其，围棋也。”《集韵・之韵》：“棊，或作碁，通作棋。”《战国策・秦策四》：“物至而反，冬夏是也；致至而危，累碁是也。”物发展到一定程度就会向相反的方向转化，就像冬夏的循环一样；事物发展到它的极致，就会有危险，就像堆积起来的棋子一样，随时可能翻倒。杜甫的诗中也出现过“碁”字，“老妻画纸为碁局，稚子敲针作钓钩”，描绘了一幅温馨的家庭生活画面。可见“碁”这个字古来就有，字义同“棋”，或许“棋”指的是木制棋，而“碁”指的是石制棋。《康熙字典》《汉语大字典》《汉语大词典》《中华字海》皆收录了碁字。但到1955年《第一批异体字整理表》发布时，碁作为“棋”的异体字被淘汰使用。

宏碁集团的创始人施振荣先生，据说是围棋爱好者，他把经营企业看作下一盘永无止境的棋。2003年5月12日央视国际的《对话》中，施振荣说：“实际上它应该读成‘棋’。它就是一盘一盘很大很大，宏伟的一盘棋。所以我经营这个企业就像下一个永无边界的棋，不是十九乘十九，是没有边界的一个棋了。我退休之后，我还在继续在下我的棋，人生的棋。”

当然，无论是个人取名还是单位、集体、品牌取名，我们都不主张用异体字。商标与品牌名都应该使用规范的汉字。但是宏碁已经作为品牌流传于世，我们也需尊重其事实，正确理解并认读它。

四、同音近义辨析篇

1. 雀巢与鹊巢

6 钱江晚报 2011.3.7 星期一

宁波城事·帮办

公交站台前，私家车“鸠占雀巢”

市民无奈只能到马路中央上下车，交警已罚过多次成效不大

本报今起搜寻有类似情况的车站，您有治理良方请拨 87917666 说说

图 3-30 “鹊巢”错写为“雀巢”

某晚报报道：公交站台前，私家车“鸠占雀巢”。某新闻网站也有这样一条新闻：外来车辆“鸠占鹊巢”小区业主无处停车。“鸠”所占的到底是“雀巢”还是“鹊巢”？

“雀”和“鹊”，因为读音一样，又都属鸟类，所以在成语中出现时很容易混。“名声雀起”还是“名声鹊起”，“鸦雀无声”还是“鸦鹊无声”，“鸠占雀巢”还是“鸠占鹊巢”？大多数出现动物的成语都与动物的习性与特征有关，比如“鹤立鸡群”“鹤发童颜”“鼠目寸光”“虎头蛇尾”等。所以，先来对比一下“雀”“鹊”的的习性特征会是个好办法。

甲骨文

小篆

雀，会意字，从小，从隹。“隹”是一种短尾鸟，以“隹”

作为义符的字大都与鸟有关，如雏（幼小的鸟），集（鸟栖息于木上），雌（原指母鸟），雄（原指公鸟），翟（长尾山雉），还有雉、雕、雁、鹰、隼、等。从字源上看，雀原指个体很小的鸟，后来特指麻雀，可能是因为麻雀小而且很常见的缘故吧。

麻雀因其叫声叽叽喳喳，而且喜欢成群活动，留给人纷扰吵闹的印象，在文学作品中总是以喧闹的形象出现。如许浑《题灞西骆隐士》中写道："雀喧知鹤静，凫戏识鸥闲。"成语"雀喧鸠聚"和"鸦雀无声"，用雀的有声和无声来比喻喧闹与安静。其次，麻雀腿短，是跳跃着行走的，给人活泼的样子，于是就有"雀跃"一词，用以形容人欣喜兴奋的样子，充满着欢快的气氛。麻雀还是一种和人类生活最接近的鸟，经常在无人的场前屋后，成群觅食，当有人来了又一哄而散，因而就有了"门可罗雀"这个成语。

还有一种鸟总是和雀一起出现，那就是燕。燕和雀都是小鸟，飞不高，而且都爱在房檐、墙洞筑巢，通常不筑巢高枝，两者组合在一起"燕雀"，比喻庸俗浅薄或地位卑微的人。李白有诗云："梧桐巢燕雀，枳棘栖鸳鸾。"梧桐木，本是凤凰所栖息，而燕雀筑巢其上，比喻喻小人得志。燕雀安知鸿鹄志，将燕雀与鸿鹄对举，比喻庸俗的人不能理解志向远大者的抱负。古代文人用它比喻庸人志短。

鹊，形声字，从鸟，昔声。喜鹊在中国传统文化中是一种兆喜的鸟。民间传说听见喜鹊叫将有喜事来，于是就有"鹊报""鹊喜"等词。南宋王炎《晚憩田家》"家书未到鹊先喜，春事无多莺又啼。"民间有喜鹊站在梅花枝梢的吉祥画，"梅"谐音"眉"，寓意为"喜上眉（梅）梢"。

鹊和雀不同，它的尾巴较长，敏捷善飞，飞行速度极快，成语“声名鹊起”，就是用喜鹊从枝头迅速向上飞起来形容一个人的知名度迅速提升。“鹊起”不能误为“雀起”，因为麻雀并没有极速飞行的本领，

鹊和雀还有一点不同，鹊善筑巢，雀不善筑巢。《诗经》中有《鹊巢》一诗：“维鹊有巢，维鸠居之。”朱熹解释：“鹊善为巢，其巢最为完固。鸠性拙不能为巢，或有居鹊之成巢者。”这就是“鹊巢鸠居”、“鸠占鹊巢”的由来。喜鹊可谓鸟类中的筑巢高手，这里的“鸠”有的说是杜鹃，有的说是红脚隼，不管是哪一个这两种鸟都有“巢寄生”习性，自己不会筑巢，将卵产在喜鹊窝里，让喜鹊孵化。“鸠占鹊巢”比喻强占别人的房屋、土地等行为。很显然，新闻标题《公交站台前，私家车“鸠占雀巢”》中雀巢应为“鹊巢”。麻雀窝简陋随意，恐怕别的鸟还看不上呢。

2. 洲与州

“洲”有两个含义：一是指水中的陆地，如长沙的橘子洲、位于长江与汉江的交汇处的鹦鹉洲、西湖中的小瀛洲。二是指大陆，如亚洲、欧洲、澳洲。而中国地名中含“州”字的则更多，如荆州、兰州、杭州、广州，有的地区近水，有的远离江河。为什么近水的地名不取用“洲”而取用“州”字呢？

从历史上看，“州”是“洲”的本字，最初字形 是一道江河，中间有个小圆圈表示小片陆地，“水中可居曰州”，因而其本义为“水中的陆地”。但在汉字演变过程中，“州”字逐渐用作古代行政区域名，于是另外造字“洲”，故区别“州”“洲”关键在于部首“氵”。“氵”表示水，有水为“洲”，无水为“州”。

“州”的本义被“洲”替代后，行政区划的含义就固定了

下来。远在秦朝以前我国有九州。我国最早实行的是“九州”制和“十二州”制。《汉书•地理志》说：在原始社会黄帝时代已经开始“画野分州”，每一万平方米为一州；尧时分天下为十二州，大禹治水后又分天下为九州，它们是冀、兖、青、徐、扬、荆、豫、益、雍。九州一说要比“十二州”的影响大，后来“九州”也就成了中国的别称。东汉时将全国划为十三州。此后，地方行政上基本上分州、郡、县三级。直到明、清时，州的范围缩小了，州的名称相应地就增多了，今天凡带“州”字的地名的由来，多与古代的州名有直接关系，如德州、泉州、郑州、阿坝州等，这些地名切忌把“州”字误用为“洲”。

“洲”除了指水中陆地外，可用作一块大陆与附近岛屿的总称，如亚洲、欧洲等，也可指河流中由泥沙淤积而成的陆地，如三角洲、沙洲。还有一个词“绿洲”，之所以用“洲”，其实并没有脱离“水中陆地”的本义，只是围绕“绿洲”的不是水，而是沙。此外“满洲”“满洲里”，是蒙语音译名，与“水中陆地”并没有关系。

3. 不齿与不耻

“不齿”和“不耻”其实并非近义词，它们的意思实际上截然相反。

“齿”为名词，指牙齿。牙齿排列整齐，“不齿”，就是不与之像牙齿那样排列在一起，引申为“不与之同列”，表示鄙视与不屑。“齿”也可以理解为“说到、提到”，“不齿”就是不愿意提到，表示对人或行为的鄙视，例如“不齿于人”，就是不能与人同列，指被人看不起。所以“不齿”是贬义词，是对行为的否定。“借灾情煽风点火的行为令人不齿”是对“借灾情煽风点火的行为”的否定。

“耻”是个形容词，有耻辱、羞愧、可耻的意思。在这里，“耻”具有意动用法，有“以为耻，以为可耻，以为是耻辱”的意思。“不耻”就是“不以之为耻”，就是不认为这是耻辱的的意思。所以“不耻”是褒义词，是对行为的肯定。“大学生不耻屈，甘愿从清洁员岗位开始做起”是说大学生不以当清洁工为耻，是对行为的肯定。

孔子曾经说过学习知识就应该“不耻下问”，意思是不要认为别人地位比你低就觉得向他请教知识是耻辱的，“不耻下问”肯定的是“下问”。韩愈的《师说》写道：“巫医乐师百工之人，君子不齿，今其知乃反不能及，其可怪也欤”。这句话是说“像巫医乐师这些人，那些当官的人是看不起的，但是现在他们的智慧却反不如他们，这可真是奇怪了”。“君子不齿”就是君子不与之同列或君子都不愿提到，是看不起，看不上的意思，如果改成“不耻”的话，就变成当官的那些人不认为巫医乐师他们是耻辱，与原文意思大相径庭。

“不齿”前边可以加“所”，构成“×× 所不齿”。如：“人所不齿”“世人所不齿”等。“不耻”前边不能加“所”。

“不齿”后边一般不接东西，如果要接就必须在所接东西前加“于”，构成“不齿于……”，如“不齿于人类”“不齿于人”等。“不耻”后边可直接接词语，构成“不耻 ××”，表示“不以 ×× 为耻”的意思，如“不耻下问”“不耻最后”等。

某网站《“清华博士”卖身中的扭曲价值观》报道中提到“实在是让有良知的人不耻”，其中的“不耻”应为“不齿”。“足球职业素养让球迷都感不耻！”也应该是错用了“不耻”。

4. 厮打与撕打

一般来说与手相关的动词，大都为提手旁，如推、提、扒、挽、掩、掂等。但是，并不是关于手的动作都带提手旁。两个人互相扭打，写作“厮打”，不写作“撕打”。如《水浒传》第三十八回：“我教你休来打鱼，又在这里和人厮打”。

“厮”通常用于对男子的轻蔑称呼，如：“那厮休得无礼”。“厮”除了用于蔑称外，还有“相互”之意。欧阳修《渔家傲》词：“莲子与人长厮类，无好意，年年苦在中心里。”又如词语“厮赶、厮跟、厮混、厮闹、厮拼、厮扑、厮杀、厮守、厮说、厮咬”都含有互相之义。“厮”又表示一方对另一方有所动作，如董解元《西厢记诸宫调》五：”姐姐言语错，休恁厮埋怨，休恁厮奚落。”又如“厮禁、厮搅、厮赖”等词。

“撕”是一种用手使薄片状物裂开，分离的动作。可以是使原为整片的东西裂成几块，如“把一张纸撕成了碎片”，也可以是使它的一部分从整体上分离下来，如“把鸡腿撕下来”“撕一张票”等。这个意思还用于“撕剥、撕扯、撕开、撕罗、撕破”等词。“撕破脸”是比喻义，指不讲情面。“撕毁条约”是引申义，指单方面背弃共同商定的协议。

所以，“撕打”和“厮打”不同。“撕打”虽涉及双方，但主要是一方殴打另一方。如《红楼梦》第四十四回：“回身把平儿先打了两下，一脚踢进门去，也不容分说，抓着鲍二家的撕打一顿……说着也把鲍二家的撕打起来。”先打的是凤姐，后打的是平儿。鲍二家的身份低贱，做事又理亏，即使有力气，也不敢还手。所以，这里的“撕打”是凤姐以及平儿单方面的发泄怨恨的行为。

“厮打”则是两个人以及几个人之间的扭打，强调纠缠在一起打。厮打的“厮”已有“互相”之意，一般不用“互相厮打”。

所以，“撕打”与“厮打”的主要区别就在于暴力的实施者是一方还是双方。如果是一方对另一方实施暴力，则用“撕打”；如果双方互相扭打则用“厮打”。

5. 庶子与竖子

《史记·项羽本纪》中有一句：“竖子不足与谋。夺项王天下者，必沛公也，吾属今为之虏矣。”“竖子不足为谋”，容易误写为“庶子不足为谋”。

庶，《说文》解释为“屋下众也”，从“众”之意引申出“旁系”的意思，相对于“嫡系”而言。父亲的妾为“庶母”，妾所生的称“庶出”。庶子，指嫡子以外的众子，亦指妾所生之子。庶子的地位，低于嫡子，一般不能承奉祖庙的祭祀和承袭父祖的地位。

竖，繁体字为“豎”。上部分为臤，左边一个“臣”，右边一个“又（手）”，用手去弄臣，“竖”本义与奴仆有关；下部分为“豆”表示读音（见《字源》)。“竖子”有三种意思：

1. 童仆。《庄子·山木》：“故人喜，命竖子杀雁而烹之。”

2. 指小孩。《隶释·汉安平相孙根碑》：“呱呱竖子，号咷失声。”

3. 对人的鄙称，犹言“小子”。《战国策·燕策三》：“荆轲怒，叱太子，曰：‘今日往而不反者，竖子也！’”。

鸿门宴上，项羽没有听从范增的意见，放走了刘邦，范增气得大骂“竖子不足为谋”，这里的“竖子”相当于“小子”，意思是说：这没出息的小子，不值得为他谋划计策，共图大业。

《三国演义》中十八路诸侯联军杀到洛阳，曹操提议诸侯西追董卓，无奈乏人响应，怒骂了一句："竖子不足与谋。"

"世无英雄，遂使竖子成名。"这是竹林七贤之一阮籍对着楚汉争霸的古战场所发的一句感慨。但这里的"竖子"到底指谁，有争议。一说指阮籍所生活的时代没有英雄，无能者侥幸得以成名；一说楚汉时期没有英雄，像刘邦这样的小人得志。

总之，"庶子""竖子"虽都有鄙夷之意，但具体含义完全不同。

6. 必与毕

"必"有"一定"的意思,"毕"有"完全"意思。"原形毕露"指原形完全暴露，所以用"毕"不用"必"。

那么是"必恭必敬"还是毕恭毕敬？《汉语大词典》同时收录两词。"必恭必敬"与"毕恭毕敬"都解释为"十分恭敬的样子",并且注明"必"同"毕"。《现代汉语词典》（第六版）也同时收录两词，释义为"形容十分恭敬"。可见这两个词在实际语境中长期通用共存，并且这里的"必""毕"的意思没用冲突，都做程度副词"完全""十分"，不做"一定"解释。

《列子·汤问》"愚公移山"："吾与汝毕力平险，指通豫南，达于汉阴，可乎？""毕力"的意思是尽全力，但古文中也有写作"必力"的，如《折虎通·谏诤》引《书》："必力赏罚，以定厥功。""必力"就是"毕力"，即尽全力。

"毕竟"表示到底、终归，古文也作"必竟"。如贾岛《投孟郊》诗："必竟获所实，尔焉遂深衷。"《红楼梦》第二十六回："必竟是宝玉恼我告他的原故。"

古代称木神为"必方"，也作"毕方"。《尸子》下："木之精气为必方。”《淮南子·氾论》则为“木生毕方”。

“必必剥剥”“毕毕剥剥”也是同时在用，如《老残游记》十五回：“一言未了，只听得必必剥剥的声音，外边人声嘈杂。”鲁迅《“赴难”与“逃难”》：“有一回对着请愿的学生毕毕剥剥的开枪了。”

可见“必”“毕”在古汉语中是通假字，长期以来两者通用。但是在现代汉语中，以上词语除了“必恭必敬”与“毕恭毕敬”通用外，其他都以“毕”为正体。

“毕”与“必”完全可以通过义来区别。“毕”有完全、齐备义，如“毕备”是完全具备，“毕露”是全部显露，“毕生”是全部生命。“必”，则有必须、一定的含义，如“事必躬亲”“必由之路”中的“必”。

7. 查与察

“查”一般指有标准、有目的检验、检查，是带有审核性质的行动。如：“查收”是查点清楚接收，“查办”是调查清罪状、过错加以惩处，“查书”是从书里寻找所需要的内容。

“察”则表示仔细地观看，认真地思考，深入地探究，是带有辨别性质的行为，如察看、视察、察言观色、觉察。“明察秋毫”连秋天鸟儿身上新生的羽毛都能看得清，不仔细是达不到如此明辨的程度；“明察暗访”是以公开的方式观察，以秘密的方式了解；“监察”“检察”等用于官员考核，必须仔细认真辨别，否则将造成冤假错案，或坏分子漏网。

“考查”是用一定的标准检查衡量，是上对下的，也可以是专业职能部门就某一事项对同级以及甚至包括上级进行检查，如省人事厅考查全省处以上干部的法制知识。

“考察”是实地调查。如：“科学考察队员跋山涉水，上天入地，到人迹罕至之处，获取第一手资料”，“组织教育界人士赴德国考察职业教育状况”。这无所谓上下级，是另一种意义上的考察。

“考查”以务实为主，“考察”虚实兼有。

“侦查”是公安司法部门专用语。“侦”是暗中调查了解。“侦查”指公安或检查部门为了确定犯罪嫌疑人的犯罪事实而进行的调查取证活动，如“对某人立案侦查”，“某案件已侦查完毕，准备起诉”。

“侦察”用于军事方面。指为了弄清敌人的有关情况而进行的秘密活动。为保证战斗胜利，获取的情况必须详细准确，所以侦查需要十分仔细。在和平时期，国家安全部门针对国内外敌对势力的间谍、特务的破坏活动所采取的暗中调查，类似军事活动也叫“侦察”。

“审查”指检查核对是不是正确妥当。“审察”意思相同，但侧重仔细观察义，如毛泽东《反对本本主义》：“不根据实际情况进行讨论和审察，一味盲目执行，这种单纯建立在‘上级’观念上的形式主义的态度是很不对的。”

“探查”是指检查或暗中查看。“探察”指探听侦察或察看，如邹韬奋《萍踪忆语》：“记者这次在美国略为仔细探察其真相，觉得百闻不如一见，全不是这回事！”

同音近义词词义的差异主要体现在不同的语素。

8. 符•副•幅

“符”是古代作为凭证物的符卷、符节。《史记•魏公子列传》记载，魏公子无忌通过如姬夫人得到兵符，假借魏王命令取代晋鄙（战国时期魏国将领），夺取魏国兵权，成功击败秦军，救援了赵国。这就是历史上著名的窃符救赵。这个故事中有一个情节叫“晋鄙合符”，“合符”即将两件凭证对照，检验是否相对，“符合”就是两符相合。“符”由凭证物引申出相符、相合的意思。

“副”也有相称、符合的意思。如“盛名难副”，出自《后汉书・黄琼传》。东汉时期，知识分子经过举荐和征召进入仕途，黄琼出身于宦官世家，由众多公卿推荐入京应召，他到洛阳附近的嵩阳县时装病不去，好友李固给他写信，劝他应聘做官。李固给黄琼的信中写到：“峣峣者易缺，皦皦者易污”（太高尖的东西容易折断，太洁白的东西容易污染）“阳春之曲，和者必寡”“盛名之下，其实难副”（享有崇高声望的人，他的实际情况很难与他的名声相称），劝他不必过多考虑名声，应当出仕，用行动改变人们的看法。又如：“口信相副”，是口头说的和心里想的一致。在符合这个意思上，“副”“符”通用。“名不副实”，可作“名不符实”，“名不副实”也可写作“名不符实”。

“副”还作为量词，用以表示成对成套的东西，如“一副手套、一副眼镜”等。又表示人的面部表情等，如“一副凶狠的面孔、全副武装”等。这种场合不能用“幅”。

“幅”本指布的宽度，现在还有“幅面、宽幅、窄幅”的说法。作为量词，用于布或纸张类，如“一幅布帘、整幅画面”等，这种场合不能用“副”。

“副”与“幅”的区别是，用“副”需是成对成套的物品，用“幅”需是整体的物品，如“一副对联”指上下两联，还可以包括横幅，“一幅中堂（整幅字画）”则是单幅的。

9. 度与渡

文字学把“度”与“渡”这类汉字称为“古今字”，“渡”是“度”的分化字。当“渡”与“度”共存的时候，就称“通假”。就现代汉语而言，“度”“渡”用法已经分化。

“渡”和“度”都有“过”的意思，但用法有分工：

凡是与时间有关的“过”，一般用“度”字，如：度日如年、度蜜月、度假、欢度春节、防汛度汛。

凡是与空间有关的“过”，用“渡”字。“渡”指①横过水面。②跨越，均用于空间，如远渡重洋，横渡长江以及由此引申而来的渡船、渡口等。如：横渡长江、强渡大渡河、四渡赤水。“渡过难关”，应该用“渡”。如果写作“度”，就算错别字。

“度”多指经过一段时间，如虚度光阴，度日如年等，显然，我们常见到的“欢渡春节”、“渡假村”中的“渡”均为错别字，应当用“度”来替。此外，表示度过时间这个意思时，除“渡过困难时期”中习惯用“渡”外，其他大多数情况用“度”。

“过度”与“过渡”，二者表达的意思截然不同，“过度”意为超过一定强度，如过度疲劳，过度兴奋等，而“过渡”指事物发展过程中由一个阶段转入另一个阶段，表示正在或将要变化的某种暂时状态，如过渡政府、过渡时期等。

再比如“共度难关”与“渡过难关”，这是意思相同而极易写错的两个常用词。“共度难关”中的难关表示困境中的一段时间，“共度难关”意为共同度过一个艰难时期，含有共同承担责任，协力克服困难的意思。而“渡过难关”含有比喻色彩，其中的难关比作前进道路上的急流险滩，一片充满艰险的水域地，故用“渡过难关”。如：深圳健力宝队今年遇到了一些困难，希望大家齐心协力，共渡难关。这里的“共渡难关”应改为“共度难关”或“渡过难关”。

“度”、“渡”二字音同形似，部分字义相通，都有过、度过的意思，使用时很容易混淆，因而掌握其区别要领是必要的。

至于古汉语，则另当别论，如：暗度陈仓、春风不度玉门关、关山度若飞。当时要么是尚未分化出“渡”，要么是通假，不要随意改作“渡”。

10. “照像”还是“照相”

“照像”还是“照相”？大街上有“照像馆”也有“照相馆”，九年义务教育初中语文课本第五册《科学探险的壮举》“到达南极点照像时我戴了一副墨镜”，是“照像”；第二册《没有脸的相片》“喂，会照相吗”，又是“照相”。“照像”“照相”，哪一个对？

首先，“相”指外貌、相貌。“像”指比照人物制成的形象，如“画像”“塑像”。照的是“相”，而不是“像”。因而是“照相”不是“照像”。

其次，“照相”最初成词时，几乎是专门照人的相貌的，所以，即使现在照了图画，也得叫“照相”。在《辞海》《现代汉语词典》正条中只能查到“相机”“照相机”“照相”，而查不到“照像”。

《辞海》对“照相”说得清楚：“用照相机摄取景物影像，经过洗印获得正像的过程。”照的是“相”，而录的却是“像”，所以是“录像机”而不是“录相机”。“像片”不同于“相片”，前者是图像之片，后者是人的相貌之片。

“相”与“象”的区别在于前者指相貌，后者指现象。“形相”

指具体的外貌、样子，“形象”则侧重于总体印象。“病相”指生病以后的样子，“病象”指疾病表现出来的现象。“凶相”指的是凶恶的相貌，“凶象”指的是不吉利的象征

图 3-31 “照相”错写“照像”

11.“定金”还是“订金”

有报道称“定金和订金，一字之差竟损失好几万”。

原告陈某在被告广东 ×× 贸易有限公司订购进口奔驰 S350 一辆，2015 年 6 月 20 日，陈某给付广东 ×× 贸易有限公司定金 10 万元，余款在交付车辆时一次性付清。2015 年 8 月 15 日广东 ×× 贸易有限公司通知陈某提车，陈某以不想买了为由拒绝提车，并要求广东 ×× 贸易有限公司返还定金 10 万元。经法院审判，根据车辆购销合同可以认定陈某与广东 ×× 贸易有限公司存在买卖合同关系，法院认定陈某在可以履行合同义务时拒绝履行，无权要求返还定金。陈某要求广东 ×× 贸易有限公司退还定金无法律依据和事实根据，法院不予支持。（长青法庭案例）

“定金”和“订金”虽然只有一字之差，但其法律意义与法律后果却大相径庭。

“定”，从“宀”，“宀”读音 mián，状如屋顶的篷盖设施，

指代房屋。“定”上为屋顶，下为“止”，含确定不变的意思。“订”，从“讠”，“讠”就是“言”，所以“订”原为口头上的预约，含有不确定，可更改的意思。“制定”与“制订”、“修定”与“修订”、“商定”与“商订”、“定酒席”与“订酒席”，前者都有已确定不更改的意思，后者则含研究商讨的过程，是可以做出改变的。

“定金”指为保证合同的履行，消费者预先向家具销售者(卖方)交纳一定数额的钱款。合同上是“定金”的，依据《合同法》相关规定，一方违约时，双方有约定的按照约定执行；如果无约定，家具销售者违约时，“定金”双倍返还；消费者违约时，“定金”不返还。“定金”的总额不得超过合同标的的20%。

而对“订金”，目前法律上没有明确规定，一般可视为“预付款”。“订金”的效力取决于双方当事人的约定。双方当事人如果没有约定，“订金”的性质主要是预付款，家具销售者违约时，应无条件退款；消费者违约时，可以与家具销售者协商解决并要求经营者退款。如果双方当事人另有约定，则按照约定执行。

图 3-32 定金还是订金

12. 了了与寥寥

不甚了了，心中了了，勾画了了。了了是什么意思？《二刻拍案惊奇》卷五：“小时了了大时佳，五岁孩童已足夸。”清·唐孙华《忆颐儿时就婚外家》诗：“了了自小时，长大或恐否。”这里了了的意思是某人聪慧、通晓事理。巴金《关于长生塔》：“朋友来信说，他读这本书，不很了了，拿给孩子读，孩子也说不懂。”这里了了的意思是明白、清楚。

那么“寥寥”又是什么涵义呢？《吕氏春秋·情欲》：“极三关之欲以病其身，故九窍皆寥寥然虚。”宋·曾巩《将之江浉遂书怀别》诗：“功名竟安在，富贵空寥寥。”这里的寥寥，表达的是空虚的意思。唐·宋之问《温泉庄卧疾寄杨七炯》诗：“移疾卧兹岭，寥寥倦幽独。”明·梁辰鱼《瓦盆儿·立秋夜悼亡》套曲：“听落叶，小窗敲，怎禁他云房独掩夜寥寥。空赢得泪痕浓，黯淡了鲛绡。”这里的寥寥，有着寂寞、孤单的意境。

唐·权德舆《舟行见月》诗：“月入孤舟夜半晴，寥寥霜雁两三声。”宋·赵与时《宾退录》卷二：“古今当其任者，盖寥寥可数。”用来形容数量稀少。

“了了”与“寥寥”，虽然读音相近，意蕴却是迥异，注意不要混用。寥寥，汉语词语，语义较多。寥寥，多作形容词使用，如形容数量稀少，形容孤单寂寞空虚等，其语义多与稀少有关。了了则用来形容心里明白、清清楚楚或聪慧、通晓事理。

13. 年青与年轻

“年青”与“年轻”，平时造句写作文，经常将“年青”与“年轻”混淆运用。这两个词虽然是近义词，但它们有着细微的差别。“年青”指处在青少年时期，强调年龄正是青年时代，一般不用于比喻。“年轻”指年纪不大，强调相对来说年龄处于较小的状态。

在指二十岁左右至三十岁左右的人时，“年青”和“年轻”都可以用，在句子中是可以互换的。但在指四十岁或五十岁以上的人时，就只能用“年轻”，能用“年青”。

所以，年青”和“年轻”区别就在于：绝对年龄和相对年龄。“年青”指青少年的年龄段，即十几岁到二十几岁这一阶段。“年轻”是表示相对年龄，就是说，“年轻”总是用在比较之中。年纪不大的人可以比 较，年纪大的人也可以比较。

14. 祭日与忌日

某体育网站发表题为《3 周年祭日，马竞球迷赛前缅怀阿拉贡内斯》的报道，题目中“祭日”是“忌日”的误用。

“祭日”之“祭”取“祭祀”“祭奠”之义，“忌日”之“忌”取“忌讳”“禁忌”之义。

古人有“祭日”“祭月”习俗。天子每年春分设大坛祭祀日神，每年秋分设大坛祭祀月神。祭日、祭月活动由来已久，源于华夏先民对日神、月神的崇拜。“夏商周三代都有祭日的传统。夏尚黑，祭日在日落之后；殷尚白，选在红日当顶时举行；周尚赤，习惯于早晨和黄昏时祭日，此时太阳皆呈红色。”（杨金鼎《中国文化史词典》）

《管子·轻重乙》中对祭日、祭月有较为详细的记载。祭日：“冬尽而春始，天子东出其国四十六里而坛，服青而絻青，搢玉揔，带玉监，朝诸侯卿大夫列士，循于百姓，号曰祭日。”祭月：“秋至而禾熟，天子祀於大惢，西出其国百三十八里而坛，服白而絻白，搢玉揔，带锡监，吹损篪之风，凿动金石之音。朝诸侯卿大夫列士，循於百姓，号曰祭月。”

“祭日”一词沿用到现在，已经由原来的特指祭太阳神演变为泛指所有为隆重举行祭祀与祭奠的日子，如“公祭日”。清明或其他传统节日举行的祭祀祭典活动，可称为“祭日”。

“忌日”指先辈去世的日子，过去也叫“忌辰”。按照传统习俗，这一天禁忌宴会、饮酒及各种娱乐活动，因此称“忌日”。如《后汉书•申屠蟠传》中说：“九岁丧父……每忌日，辄三日不食。”另如：“3 月 12 日是孙中山先生的忌日。”“忌日”还有另外一个意思，指按照过去迷信的说法，不宜做某件事的日子。

除了“忌日”之外，也有“忌月”。“忌月”既指父母去世的月份，也是佛教用语。佛教农历正月、五月、九月称为“长斋月”，又称“忌月”。

15. “斩立决”还是“斩立绝”

决不是还是绝不是？决不罢休还是绝不罢休 ？决不退缩还是绝不退缩？决无此意还是绝无此意？决无仅有还是绝无仅有？斩立决还是斩立绝？

“决”是一个后起字，《说文》中没有“决”，只有“決”。古籍中多用“決”，“決”是“决”的本字。决（決），本义是疏通水道，让水畅通无阻流出。“決”后来变成了两点水，是因为“決”与另外一个字“決”极其相似，为了避免混淆，人们在使用过程中习惯将“決”省写作“决”，时间久了“决”就成了通用体。因而“决”与“冫（冰）”、“寒冷”没有关系，与“氵（水）”有关。“决”的本义保留在“决口”“决堤”中。由于水道疏通，水冲泻而出不可阻挡，所以“决”又引申出“断然、一定、了断、执行死刑”等义，如“决断”“决胜”“决战”“处决”等。

绝，从其繁体字“絕”中，可以看到“刀”与“丝”，所以“绝”的本义为“以砍断丝线”，有断绝之义，所以“绝”有“断绝、穷尽、死亡、极端、一定”等义，如“绝种”“气绝”“绝境”“绝技”“绝对”等。

“决”与“绝”为副词时，都有“一定”的意思，非常容易混淆。但是从主客观意识上来说，两者还是有明显区别的。在“决”的引申用法中，无论是“决定”“决断”还是“坚决”，都表现出一种主观态度，而“绝”的引申用法，无论是“绝境”“绝技”“绝妙”，突出的都是客观判断。比如，“决不”是“坚决不”，是发自内心的主观拒绝；“绝不”是“绝对不”“完全不”，强调的是客观上的不可能、不存在。

决不是还是绝不是？“这件事情绝不是我干的。”“绝不是”是对客观情况的一种判断，所以用“绝”不用“决”。

“决不罢休”“决不退缩”，强调的是主观上的坚持，所以用“决不”，而不是“绝不”。

“绝无此意”“绝无仅有”，强调的是任何情况下都没有，否定的是客观上的不可能，所以只能用“绝无”，而不是“决无”。

“斩立决”，为古代的一种刑罚制度。明朝、清朝被判斩刑后，如果案情明白、证据确凿，只须地方长官如知府、知县报请本省按察司批准，即可在当地立即执行死刑。一般死刑须上报朝廷、奏请皇帝，通过秋审、朝审，方可执行。这里的决是处决的意思，所以用“绝”是说不通的。

五、成语正本清源篇

1. “大块”朵颐还是“大快”朵颐

把“大快朵颐”写成“大块朵颐”是因为不了解“朵颐”的意思。

颐，本义面颊。“颐”字右边“页”，繁体字“頁”，是一个倒着写的“首”，“页”本义就是“头”。汉字中“页”部字大都与头部有关，如颈、顶、颌、额、领、颊、项、须。有些“页”部字现代常用义已经与“头”无关，但考查本义，还是能看出字义与头部有关。

首（篆）

页（篆）

硕，《说文》：“头大也。”

颁，《说文》：“大头也。”

颗，《说文》：“小头也。”

顿，《说文》：“下首（叩头）也。”

颤，《文说》：“头不正也。”

朵， ，从禾，像禾穗的部分加了一短竖，指示禾穗下垂的样子（见《字源》）。《说文》：“朵，树木垂朵朵也。”段玉裁注：“凡枝叶花实之垂者皆曰朵朵。”朵的本义花朵果实下垂的意思。耳朵的“朵”，也有下垂的样子。

朵颐，就是大口吃东西时下颚下垂的样子。也有人理解为嘴里塞满事物，鼓出来好似果实下垂，这是一种夸张的手法。朵，还有另一种解释“鼓动”，那么“朵颐”便是鼓动腮帮的意思。但不管是下颚下垂还是鼓动腮帮，朵颐都是形容大口大口吃东西的样子。

大快朵颐，就是大吃大嚼．痛痛快地大吃一顿，形容尽情享受美食。所以，大快朵颐与吃喝有关，用它形容心情或其它的都是错误的用法。有些人没有弄懂什么叫“朵颐”，只晓得“大快”是大为痛快的意思，不管同吃东西有没有关系，只要让人感到很痛快、很开心、很得意，就说“大快朵颐”，这种用法是错误的。

2.“黄发”岂同“垂髫”

新闻报道中将“黄发垂髫”连用，用来指称儿童，这种用法是错误的。如“古往今来那么多观众，上至耄耋老人，下至黄发垂髫，对皮影艺术喜爱至极”，“我突然记起黄发垂髫初懂事理时，有一回和母亲走亲戚……”。

“黄发垂髫”一词出自陶渊明的名篇《桃花源记》：“土地平旷，屋舍俨然，有良田、美池、桑竹之属。阡陌交通，鸡犬相闻。其中往来种作，男女衣着，悉如外人。黄发垂髫，并怡然自乐”。所谓“黄发垂髫，并怡然自乐”，说的是老人与孩童都欣欣然过着快乐的生活。

中国的传统年龄称谓是十分丰富的，如豆蔻之年（女子十三四）、破瓜之年（女子十六）、及笄之年（女子十五）、弱冠之年（男子二十）、而立之年（男子三十）、不惑之年（男子四十），还有花甲、古稀、耄耋等。

“垂髫之年”是童年的别名。古时儿童不束发（男子十五束发），头发下垂，因而就用“垂髫”称幼儿或指人的幼童阶段，也有说“垂发”的，如《后汉书·吕强传》中写道：“垂发服戎，功成皓首。”句中的“垂发”与“皓首”并举，代称儿童与老人。到了八九岁至十三四岁，父母将孩子的发分作左右两半，再在头顶两侧各扎成一个结，宛如两只羊角，故称“总角”。

“黄发”之所以被误认为是童年，大概与“黄毛丫头”一词有关。“黄毛丫头”中的“黄毛”，是指女孩在还未发育成熟时，毛发不太浓密，有些发黄，“黄毛”代表着稚嫩与不成熟。而“黄发”是长寿的象征。成语“黄发鲐背”，黄发，指老年人头发由白转黄；鲐背，指老年人背上生斑如鲐鱼背，指长寿的老人，后亦泛指老年人。

所以，“黄发垂髫”连用，指的不只是儿童，应该是老人与儿童。

3. “酒过三旬”还是“酒过三巡”

旬，是一个时间概念词，十日为一旬，一个月分上旬、中旬、下旬。旬用于年龄时则指十岁，如“八年过八旬”。很显然，宴饮礼仪中“酒过三旬”是说不通的。

巡，本义为巡视，另可引申为量词“遍”，“三巡”便是“三遍”。《左传·恒公十二年》记载：“罗人欲伐之，使伯嘉谍之，三巡数之”(罗，国名；伯嘉，人名；谍，秘密刺探敌情)。这里的“三巡”就是“三遍”，就是派伯嘉去刺探敌情，将楚国军队数了三遍。但是这个“三遍”是带有“巡”的动作的，而不是原地数数。

古代酒宴上，主人给每位客人斟酒，一轮称为“一巡”，斟过三轮就叫“酒过三巡”，表明宴饮已经到了一定的深度，酒已经喝得不少，有什么实质性的问题可以开始谈了，或者说宴饮已经到了尾声。

“酒过三巡”这个词的产生与中国人的饮食习俗有关系，它应该起源于中国人围桌进食以后。唐代以前，人们进食方式是席地而坐，各有一套食具，分餐而食。与宴者各有一席，分散而坐，为之斟酒也不会有“巡”的感觉。

在民族大融合的西晋时代，北方少数民族的诸多习惯开始流人中原地区，这不可避免的给饮食发展带来了影响。胡床(一种高脚折叠椅)的传入逐渐改变人们原有的踞坐姿势，变成垂足而坐。坐具变高了，原先的食案也跟着与时俱进，于是高足桌出现了。但在原先的分餐制情形下，每人都需配置一套高足桌凳，这样既占用的空间大又极浪费。因此，便需要出现一种新的、与高足桌凳相适应的饮食方式，于是合餐制就出现了。到了唐代，人们围着桌子（类似长方的高案）吃饭的形式已经很普遍，在唐朝名画《宫乐图》中，宫女围着案子而坐，一位宫女执长柄杓为其他宫女轮流斟酒，这才有“巡”的意味。

4. “明日黄花”还是“昨日黄花”

明日黄花，黄花即菊花，出自苏东坡的诗《九日次韵王巩》：“相逢不用忙归去，明日黄花蝶也愁。”此首诗写于九月九日重阳节，诗人借诗劝朋友要抓紧重阳节这一天赏菊，因为重阳一过菊花就过时了，连蝴蝶都不会光顾，还有谁会去赏菊。现在“明日黄花”用来比喻已失去新闻价值的报道或已失去应时作用的事物。

在古代，重阳节素有登高、赏菊的风俗，而重阳节一过，尽管菊花依旧芳香，依旧艳丽，但没有谁再有兴致去欣赏这过时了的花。唐代诗人郑谷《十日菊》：“节去蜂愁蝶不知，晓庭还绕折残枝。自缘今日人心别，未必秋香一夜衰。”这首诗也是借“节去蜂愁蝶不知”发出人情冷暖、世态炎凉的感慨，说重阳节一过，菊花立即就受到人们冷淡，连蜜蜂、蝴蝶对此都感到忧愁和不解。清代人程允升在《游学琼林·花木》中也明确地说:“明日黄花，过时之物;岁寒松柏，有节之称。”苏轼《南乡子·重九涵辉楼呈徐君猷》:“万事到头都是梦，休休，明日黄花蝶也愁。”也用“明日黄花”来表示良辰易逝，好花难久的感慨。因而，中国人向来是用“明日黄花”来比喻“过时”“陈旧”的意思，而不是“昨日黄花”。

“昨日黄花”是人们在思维定式下的一种误用，通常“过时”“陈旧”的东西都会让人联想起“昨日”，而“明日”总是与“希望”“未来”挂钩，但殊不知对于当下——重阳节这一天观赏盛开的菊花的人来说，“昨日黄花”也许尚未盛开，也许尚在作蕾，怎么会成为“过了时的东西”呢？而“明日黄花”当然是随着时间的流逝而日渐凋零。

由此可见，用“昨日黄花”来比喻过时之事物，不但不合此成语的原意，也有悖于逻辑。

5.“杀身成仁”还是“杀生成仁”

某电视剧字幕显示:“我告诉你，就算是杀生成仁，也绝不当汉奸。”此处的“杀生成仁”显然是“杀身成仁”之误。

身，本义是人或动物的躯体，引申为物的主体部分、生命、自身等义。杀身，意为自身生命被杀害、丧生。

生，生物，一切有生命之物。杀生指宰杀动物，佛家戒杀生，并以此为十恶之一。佛门十戒中第一是不得杀生。佛教主张不杀生，主旨在于众生平等的慈悲精神，一切众生都有生存的权利和自由。

历来只有“杀身成仁”，而无“杀生成仁”。杀身成仁、舍身取义，是儒学所主张的基本道德准则。

“杀身成仁”出自《论语·卫灵公》：“志士仁人，无求生以害仁，有杀身以成仁。”意思是说，有志向和有仁德的人，没有为了自己能够活下去而损害仁义道德的，但有为了成就仁义道德而牺牲自己的生命的。

“舍生取义”出自《孟子·告子上·鱼我所欲也》：“生，亦我所欲也，义，亦我所欲也。二者不可得兼，舍生而取义者也。”意思是说，生命，是我想保存的；正义，也是我想保存的。在二者不可同时保全的情况下，那么，我就舍弃生命保全正义。因为生命虽然宝贵，是我所愿意保存的东西，但是我不能不顾及原则，仅仅为了保存自己的生命；死亡，是我所讨厌的，但是还有比死亡更让我讨厌的东西，这时候，我就不逃避危险，而宁可选择死亡。

孔子和孟子所提倡的这样的道德原则，曾经鼓励了许许多多有志向的人们，为了自己的事业、民族和国家，保持自己的人格，不向恶势力低头。这也是中国传统文化中的优秀成分，是中华民族宝贵的民族精神。

6. 雪中送的是“炭”还是“碳”

图 3-33 “炭烧”错写为“碳烧”

“碳”与“炭”这两个词，在有关食品和药品的文章中经常出现，如“碳水化合物”“活性炭”等。“碳”与“炭”时常被混用、误用，如有些烧烤店的门口赫然挂着“碳烤鸡翅”这样的招牌。

“炭”是古来已有的汉字，《说文》已出现“炭”字：“炭，烧木余也。”即木材燃烧后尚未变成灰的部分，也指像炭的东西，如煤炭、骨炭。

“碳”字则是在上世纪 30 年代，随着近代自然科学发展，特别是化学元素的发现和发展才在我国出现的，当时民国政府教育部在“化学命名原则”中，明确将元素周期表中原子序数第 6 号的“C”命名为非金属类中的“碳”。

英语“Carbon”和日语“炭素”一词即指碳元素，又指炭材料。材料和元素属两种不同概念，用同一词表示必然会引起混乱。“国际碳术语与表征委员会”建议将元素碳和材料类加以区分，而我国的汉字恰好有对应的“炭”和“碳”两字，可以很好地利用它们来区分这两个概念。

基于上述原则，全国科学名词审定委员会在 2003 年 4 月便提出了征求意见稿，将“炭”“碳”二字的用法予以明确区别。2006 年《中国科技术语》进一步规范了这两字的用法：“碳”对应“元素”，与化学元素有关的名词均用“碳”，例如：碳化、脱碳、碳环、碳化物、碳酸盐、碳酸酶、二氧化碳、碳水化合物等；“炭”对应“实物”，用于物质的名称，例如：木炭、煤炭、竹炭、焦炭、炭黑、炭砖、炭画、活性炭、炭纤维等。

因此，鸡翅当然是用“炭烤”，而不能“碳烤”，雪中送的当然是可生火驱寒的木炭，而不是元素碳。据说，宋太宗淳化四年，为表现京城祥和气氛和自己的仁君形象，太宗“赐京城高年帛，百岁者一人加赐涂金带”。碰巧这天雨雪交加，天气非常冷，因此，宋太宗立即宣布，派遣“中使”再赐京城“孤老贫穷人千钱米炭”。在这样寒冷的天气中，孤寡老人有了米炭，就等于有了生活的希望。于是从宋太宗开始，“雪中送炭”的故事就流传开来。

另外，“炭”还可引申为炭火，用以比喻灾祸，如“生灵涂炭”。

7. “弱水三千”与“若水三千”

“弱水三千”“若水三千”很多人都分不清，到底哪个是对的。

弱水其实是一条河流的名字，这一词在《红楼梦》中就出现过。《红楼梦》第九十一回《纵淫心宝蟾工设计，布疑阵宝玉妄谈禅》：

宝玉呆了半晌，忽然大笑道“任凭弱水三千，我只取一瓢饮。”黛玉道：“瓢之漂水奈何？”宝玉道：“非瓢漂水，水自流，瓢自漂耳！”黛玉道：“水止珠沉，奈何？”宝玉道：“已作沾泥絮，莫向春风舞鹧鸪。”

《红楼梦》中的弱水三千的说法，当是取其浩大之意，即使弱水连天，于我一瓢足矣。以显示贾宝玉的诚意。这段告白也成了《红楼梦》中的名句之一，随着《红楼梦》的传播，也广为人知。“弱水三千”，“三千”为虚指，表示众多，很多的水，只要其中的一小部分，引申为对于爱情，很多的女子当中只为一个女子，用以表示对爱情的专一。

弱水的说法自古便有，一开始与爱情誓言并没有任何关系。古代有些河流因为湍急或者水浅，不能使用舟船，被认为是水过于羸弱，不能载舟，被称为“弱水”。《山海经》说:“昆仑之北有水，其力不能胜芥，故名弱水。”在《西游记》中描述流沙河时，第一次用了“三千弱水”的说法：“八百流沙界，三千弱水深，鹅毛飘不起，芦花定底沉。”后来就泛指遥远险恶，或者汪洋浩荡的江水河流。

流沙河虽然是神怪故事中的河，但这个称谓却流传到现在，今甘肃省金塔县境内就有一条弱水河。

刘心武先生曾发表一文《只取一瓢饮》一文，其中有这样几句：“她一定也爱众多的瑞士同胞，但‘任凭若水三千，只取一瓢饮’，她的这种心理，或者也能归入‘禅境’——‘任凭若水三千，只取一一瓢饮”，这一瓢应该是什么？要根据各自的情况，去慎重选定了。”文中两次提到“若水三千”，这里的“若水”应该是“弱水”之误。

8. “不忍卒读”是指文章写得不好吗

“不忍卒读”容易被误读误用。“卒”有两种读音，一为zú，一为cù。卒 zú，作为动词、副词有①完成、②终于、③死亡之义，如卒业、生卒、病卒等。卒 cù，同“猝”，有①突然、②匆忙之义，现代汉语中一般写作“猝”，如猝死、仓猝等。

“不忍卒读”是不忍心读完，所以，卒，音 zú，表尽、完之义。如果把这个成语说成不忍卒（cù）读，或者干脆写成“不忍猝读”，那就成了不忍心突然地读或匆忙地完，显然是不通的。

那么是文章写得好“不忍卒读”，还是文章写得不好“不忍卒读”呢？“不忍”是个动词，即心里忍受不了，如不忍释手，于心不忍。不忍卒读，一般指文章内容写得悲惨动人，令人读得心生悲伤，不忍心再读下去，而并非是文章写得太差、差错过多，令人读不下去。郑振铎先生评论《水浒传》第一百回："最后的一回'神聚蓼儿洼'更极凄凉悲壮之至，令人不忍卒读。"

所以人们都用"不忍卒读"来形容优秀的文学作品，清·顾贞观《纳兰词·词评》："容若词一种凄婉处，令人不忍卒读。"晚清·淮阴百一居士《壶天录》卷七："闽督何公小宋，挽其夫人一联，一字一泪，如泣如诉，令人不忍卒读。"王芸生《看重庆，念中原》："饿死的暴骨失肉，逃亡的扶老携幼，妻离子散……这惨绝人寰的描写，令人不忍卒读。"

如果文章粗制滥造、错误百出，令人无法读下去，不妨用"不堪"一词。"不堪"有"不可""不能"的意思，且多用于不好的方面，如不堪入目，不堪设想等，或者说成"无法卒读"或"难以卒读"，以与文意相对应。

9. "狗尾续貂"是以坏充好吗

狗尾续貂将狗尾与貂放在一起，很容易让人联想起"以次充好""以假乱真"的意思，但实际上狗尾续貂的重点在于"续"，指的是指拿不好的东西接到好的东西的后面，显得好坏不相称。

"狗尾续貂"语出《晋书·赵王伦传》："奴卒厮役亦加以爵位。每朝会，貂蝉（古代冠饰）盈坐，时人为之谚曰：'貂不足，狗尾续。'"晋武帝司马炎死后，他的叔叔赵王司马伦野心很大，趁晋惠帝司马衷刚即位，国家还不够稳定的时候，就和手下一起合谋，篡夺了王位。

篡位后，司马伦为了笼络朝中大臣，扶植自己的势力，大肆封官。凡是参加篡位的同谋者，不分贵贱，不论才能，都越级提升，一时间王侯将相到处都是，升官的人数不胜数，甚至奴仆、士卒、厮役也加以爵位。当时的官员都戴用貂尾装饰的官帽，因为司马伦封的官员太多，貂尾不够用，只好用狗尾来替代，因此当时有人编了一句民谚讥讽说："貂尾不够用，狗尾来充数。"

"狗尾续貂"成语本义说的是加官晋爵，任人唯亲，致使一些无能之辈也当了官。它的引申义是借"狗尾"接"貂身"来比喻拿不好的东西接到好的东西的后面，显得好坏不相称。这个成语的重点在于"狗尾"与"貂身"的对比。突出"续"的结果：好快不相称。所以，"狗尾续貂"不能用来形容商品销售中以坏充好，以假乱真。

"狗尾续貂"一般用于艺术创作前后质量不一致，好坏不相称，如"《大话西游 2》是狗尾续貂还是再造经典"，"狗尾续貂何必继续——盘点经典系列中的失败续作"。这两则报道中"狗尾续貂"的使用是正确的。

10. 为什么不能"默守"成规

默，黑犬，本义为犬暗中逐人，"默"有暗中、无声之义。《论语》"默而识之"，孔子主张知识记在心里，而不是表现在嘴上。"默片""默读""默剧"都有不出声之义，"默认""默许""默算"都有在心中、暗中之义。那么"默守"就是在心中守、暗中守，但是"墨守成规"，却无此义。

墨守成规，指固执旧法，一成不变，与"因循守旧"意思相近。因此"墨守"是固守，而不是心中守护，暗暗守护的意思。

其实依据成语出处，"墨守成规"的"墨"指的是历史上著名的墨家。墨子，名翟，战国时期著名的思想家，墨家学派的创始人。墨子主张"兼爱""非攻"。墨子的非攻思想通过他的守御之术加以实践。《墨子·公输》记载过这样一个故事：

公输盘（鲁班）为楚国制造了云梯，楚王将要用它去攻打宋国。墨子听说后，前往楚国劝阻楚王放弃攻宋。墨子用沙盘模拟的办法，与公输盘在纸上进行攻与守的较量，“子墨子解带为城，以牒（木片）为械；公输盘九设攻城之机变，子墨子九距之。公输盘之攻械尽，子墨子之守圉（防御）有余”。最后墨子以坚固的守御之术，让楚王生畏，从而放弃攻打宋国的计划。

“非攻”是墨学的重要思想，而墨守是非攻的主要实现手段。在三千年前的战国时期，墨子带领弟子，防御术对抗强国对弱国的不义之战，后人将墨家牢固的防守，称为“墨守”，“墨守成规”散发着和平主义的光芒。在语言实际运用过程张，墨守成规逐渐演变为固守成见，不知变通。词的感情色彩由褒义转向贬义。这是语言发展中色彩变迁的一个典型例子。

语言是发展变化的，尤其是词汇，其变化最为活跃的，新词在不断产生，旧词在逐渐消亡，其中包括词义的扩展与感情色彩的变迁。

11．“渊源”可以“流长”吗

成语“源远流长”在使用过程中出现了很多“变体”，如“源源流长”“渊远流长”“渊缘流长”、“渊源流长”，其中“渊源流长”是最常见的一个，在荧屏、网络、报刊杂志都能见到。

源远流长，最早见于白居易《海州刺史裴君夫人李氏墓志铭》：“夫源远者流长，根深者枝茂。”源远流长与根深枝茂对举起，源头很远，河流才会流得远，根扎得深，枝叶才会繁茂，用来比喻历史悠久，根基深厚。源远与流长、根深与枝茂构成因果关系。同样的意思，北周庾信在《徵调曲》则采用了先果后因的表达："水波澜者源必远，树扶疏者根必深。"源远流长，根深枝茂分别从两个维度——历史的悠久与根基的深度来衡量文化等事物。如：武当文化源远流长，根深枝茂，为世人所瞩同。

渊源，"渊"是个会意字，古文字形，外边大框像水潭，里面是打漩的水。《说文》："渊，回水也。"意即打漩涡的水。"源"，形声字，从水，原声，本义指水源，源泉。渊与源同义，都指水的源头，"渊源"一般单用，指事物本原、师承，它是一个名词。郁达夫《文学上的阶级斗争》："文学上的阶级斗争，若要追求它的渊源，也与人类一样的古。"茅盾《多角关系》五："谢晋寿和兄弟的渊源似乎不比寻常。"郭沫若《洪波曲》第十一章四："他和立群，可又算得别有渊源了。"

"源远"强调源头的深远，而"渊源"追溯关系的来源。渊源如果和流长搭配，就成了来源流长，显然是说不通的。渊源可以与"有自"搭配构成"渊源有自"，比喻事物有根据，有来源。如："这样一种民众参政意识，在文化上是渊源有自的。"

12. "以镜为鉴"说不通

某杂志发表《组工干部要以镜为鉴正形象》一文，标题中"以镜为鉴"应该是"以铜为鉴"的误用。

"監"甲骨文字体

"監"金文字体

"鉴"，繁体字为"鑑"，古本字为監（监）。从"監"的甲骨文字形、金文字形，可以看出，是一个人跽跪在盛水的器皿旁，俯首查看，本义是以水为镜照视自己。郭沫若在《两周金文辞大系考释》中明确指出："临水正容为监，盛水正容之器亦为监。"

透过"監"字，我们看到上古先民以水为镜，照见自己的形象。到商代初年，开始出现了以铜为原材料打磨而成的"铜監"，因此"監"在镜子这一层含义上，后来就加了"金"字旁来表示，写为"鑑"。铜镜分正反两面，镜的正面打磨得光亮可鉴；镜的反面多铸有各种纹饰和铭文。秦汉以后，镜的使用越来越广泛，镜的制作也越来越精良。它的质料包括金、银、铜、铁等，但仍以铜最为多，也有镀金银的、背面包金银的、或镶嵌金银丝的。（祝少华《收藏与鉴赏》生活•读书•新知三联书店》）

随着人们思维的发展，"監"由临水照镜与镜子的含义引申出更加抽象的"借鉴"含义，"鉴于水"过渡为"鉴于人"。如《尚书•周书•召诰》"我不可不監于有夏，亦不可不監于有殷"，《论语•八佾》"周監于二代，郁郁乎文哉！吾从周"，这里的"監"后来写作"鉴"，这两句都是说要借鉴前朝的经验教训。《尚书•周书•酒诰》："人无于水監，当于民監。"意思是人不仅要把水当做镜子，而且也要把人民当做镜子。《史记•范睢蔡泽列传》引古语云："鉴于水者见面之容，鉴于人者知吉与凶。"这两处的引文意思大致相仿，都是主张"以人为镜"。

宋•欧阳修《新唐书•魏征传》记载，唐太宗在魏征病逝后，曾经说长叹曰："以铜为鉴，可正衣冠；以古为鉴，可知兴替；以人为鉴，可知得失。朕尝保此三鉴，以防己过。今魏徵逝，一鉴亡矣。"这便是后世广为流传的唐太宗"三镜"说：以铜为鉴、以古为鉴、以人为鉴。如果说成以镜为"鉴"，就成了"以镜子为镜子"，是不通的。

第四章　改革创新，在新时代下，实现汉字的规范性

现代汉字学是以现代汉字为研究对象的一门学科，研究现代汉字的属性和应用。它既要让人们全面、系统、准确地认识现代汉字，更要为人们提供一种认识和研究现代汉字的基本理论和方法。传统文字学主要研究汉字构成的理论和汉字字体的变迁两个方面，很少去关心现实的文字应用问题。现代汉字学的建立弥补了传统文字学的不足，是传统文字学的延伸。

现代汉字是现代汉民族进行交际、传递信息的基本工具。它跟我们今天的社会生活密切相关，研究现代汉字具有十分重要的现实意义。

第一，研究现代汉字可以帮助人们更好地学习和使用现代汉字。当前社会，用字混乱，现代汉字的规范化程度还不高，学习和使用它还相当困难。而解决这个问题，需要加强现代汉

字的整理、研究和教学。现代汉字学的研究应该而且可以在这些方面发挥作用。

第二，研究现代汉字是提高汉字信息处理技术的需要。世界范围内的新技术革命，为汉字的技术应用开辟了极其广阔的前景。中文信息处理直接关系到社会主义现代化建设和人民的日常生活。汉字信息处理技术虽然取得了长足的进展，但是由于汉字符号数量众多，字形结构复杂，表音功能差异等原因，使计算机信息处理遇到许多困难。

第三，研究现代汉字可以为国家制定并推行科学的文字政策提供理论基础。国家的文字政策规范着人们的文字生活，协调各方面文字的应用，为人们使用文字提供依据和标准。就制定文字政策来说，首先要研究的当然是现代汉字问题。

一、现代汉字学研究的内容

第一，研究现代汉字的性质和特点。与拼音文字相比，汉字有自己的独特之处。对汉字的性质和特点的研究，是现代汉字研究的理论基础，一度成为文字学研究的热点。现代汉字究竟是一种什么性质的文字，人们从不同的角度作出了回答. 但是哪种意见才能真正反映汉字的本质呢？至今尚未获得一致的意见。

第二，研究现代汉字的属性。现代汉字的属性是指现代汉字所负荷的各种信息，即汉字在字量、字形、字音、字序、字频及编码等方面所具有的特征。汉字属性的研究和利用是汉字信息处理技术不断深入发展的结果。汉字属性最早曾被用于汉字键盘输入法的研究上，如汉字编码方案的制定利用了字音、字频、笔顺、笔画、部件和汉字结构等多种属性，后来又用于汉字编码字符、汉字自动识别等方面。当然，更主要是运用在信息管理、情报检索、印刷排版及办公自动化等领域。因此，对现代汉字属性的研究具有十分重要的意义。

字量。研究字量就是要确定现代汉字的总字量、常用字量、通用字量以及各种专门用字、专业用字的字量。确定这些字的常用字的字量。确定这些字的数量首先要对字额进行统计和分析，以统计数字为依据，综合其他标准作出判断。字的定量是实现“四定”(即定量、定形、定音、定序)的基础，不解决字的定量问题也就不能完全解决其他三定。

字形。字形是汉字的存在形式，现代汉字的字形怎么分析，汉字怎样由线条构成部件，进而构成数以万计的整字，怎样对汉字加以整理和简化，如何确定每个单字的规范字形从而实现汉字定形的要求，都需要对汉字字形加以分析才能得出结论。

字音。字音研究的重点是审音、定音和注音，进一步确定现代汉字的规范读音，减少多音和异读。虽然《新华字典》、《现代汉语词典》、《普通话异读词审音表》以及《现代汉语规范字典》在字音规范化方面起了很大作用，但是还有许多问题需要继续研究解决。

字序。汉字具有音、形、义三个要素。自古以来，人们就分别从这几个角度出发，为汉字建立了音序、形序、义序三种不同的排序方法。由于汉字结构复杂、表音不准确，不论哪一种排序方法都不可避免地存在一些问题。深入研究汉字的字序，有助于实现汉字排序的标准化。

第三，现代汉字的应用。现代汉字的应用包括一般应用和技术应用两个方面。一般应用主要是指阅读、书写、检索以及对内对外汉语教学中的汉字应用问题。提高汉字在这些方面应用的效率和规范化程度，是普及教育、提高全民科学文化素质的重要条件。技术应用主要包括汉字的机械处理和信息处理两方面。如何使汉字尽快赶上信息网络时代，使计算机成为人人都能熟练使用的交际与交流工具，都需要现代汉字应用研究与计算机科学技术紧密结合，从而推动社会的不断发展。

第四。现代汉字的规范化和标准化。为了普及教育、提高现代汉字的应用效率，必须在对现代汉字的属性进行充分研究的基础上，贯彻执行国家关于语言文字工作的方针政策，解决实践中发现的有关问题，逐步实现现代汉字的规范化和标准化。加强语言文字的规范化和标准化，大力纠正语言文字应用中的混乱现象，对于进一步搞好自然语言的计算机处理，也具有极其重要的作用和深远的意义。

二、现代汉字的标准化

文字是记录语言的书面符号系统，是语言的重要辅助工具，文字的功用是把记录的语言的信息传播各地，流传后世。这个功用决定文字必须有一定的规范性，否则就会给信息的传递带来麻烦、困难以至损失。新时期以来，在文字运用方面出现了一些新问题，主要是社会上出现了用字混乱的现象。新问题的产生和现代化建设的需要给语言文字工作提出了新的任务。

1. 定量

定量就是规定现代汉语用字和范围。编出《标准现代汉语用字表》，简称《现代汉字表》。汉语可以分为古代汉语和现代汉语，汉字自然也可以分为“古代汉语用字”和“现代汉语用字”。把古今通用的汉字归为现代汉字，而把只用于文言古语的汉字归为古代汉字，那就求得了一个《现代汉字用字全表》，现在的“字无定量”就变成了“字有定量”。这是一项复杂而艰巨的工作，首先要划清现代汉语用字和古代汉语用字的界限，确定现代通用汉字的定义范围、通用字和各种专用字的定义和范围。汉字不但数量多而且无定量，给应用带来许多困难，限制和减少汉字的字数仍然是摆在我们面前的重要问题。

2. 定形

定形就是要规定现代汉语用字的标准字形。国家公布的《现代汉语通用字表），收字 7 000 个，规定了汉字电脑存储标准点阵字库，为信息交换提供了标准。汉字的字形相对来说是统一的、明确的，但是在现实生活中“一字多形，随意使用”的现象依然存在，说明现代汉字标准化程度还不高。另外，还有相当数量的异体字未经整理，现有的语文工具书对它们的处理又不尽一致，使人无所适从，因此异体字要继续整理，整理的范围和原则等问题也需要进一步加以研究。

3. 定音

定音就是按照规范的普通话，确定现代汉语用字的标准读音。汉字数量众多，缺乏完备的表音系统，要确定每个现代汉字的标准读者确非易事。1985 年 12 月国家公布了《普通话异读词审音表》，明确了现代汉语异读词的读音规范和标准，是字音规范化的一项重大成果。但是工具书的注音尚需进一步统一，多音字的改读有待进一步研究解决。

4. 定序

定序就是规定现代汉语用字的排列顺序，规定几种检字法的标准。工具书的编排，档案、资料索引的分类，电脑用汉字字库的编制，都牵涉到汉字定序问题。目前排列汉字顺序的方法有义序法、音序法、形序法之分。形序法又可以分为笔画法、部首法、号码法等。这些检字法各有优劣，自然不能省并为一种。现在的问题是，各种方法本身内部不统一。如何为各种检字法制定统一的标准，实现汉字字序规范化，是一个亟待解决的问题。

国家教委和语委联合召开全国语言文字工作会议，讨论并贯彻执行了中央提出的新时期语言文字工作的方针和任务——“贯彻执行国家关于语言文字工作的政策和法令，促进语言文字规范化、标准化，继续推动文字改革工作，使语言文字在社会主义现代化建设中更好地发挥作用。当前的主要任务是：做好现代汉语规范工作，大力推广和积极普及普通话，研究和整理现行汉字，制定各项有关标准；进一步推行《汉语拼音方案》，研究并解决实际使用中的有关问题，研究汉语汉字信息处理问题，参与鉴定有关成果；加强语言文字的基础研究和应用研究，做好社会调查和社会咨询、服务工作。”

三、汉字书写规范

书写规范，就是指在写汉字时要遵守正字法的规定，写规范的汉字。字形要规范，这是汉字书写的最基本要求。试想，把汉字写得不规范，甚至写错了，能不影响交际吗？如果只是个别字词写错，读者还能从上下文中弄清楚，要是接连出现不规范的字词，恐怕就很难读下去了。错在关键处，即使是个别字词也会出问题。

重视汉字规范，这在古代有着优良的传统。古人是很重视写字的。早在周秦时代，学童入学就把书写规范作为学习的主要内容之一。

1. 字形规范

书写规范主要是指字形规范，具体说就是不写繁体字，不写异体字，不写旧字形，不乱造简化字，不写错别字。

不写繁体字。繁体字和简化字相对而言，就是指《简化字总表》中被简化了的字。简化字是规范的正字。一般场合下，我们要写《简化字总表》中的简化字，不要写繁体字。改革开放以来，一些人受港台和海外的影响而热衷于写繁体字，甚至到了非常严重的地步。国家语言文字工作委员会向国务院提出《关于当前语言文字工作的请示》中指出："已经被简化了的繁体字，要严格限制其使用范围，只能用于古籍整理出版、文物古迹、书法艺术方面。书法作为艺术，可以写各种字体，但也应提倡写规范字。其他方面确需使用繁体字的，须按隶属关系报中央有关部委或省、自治区、直辖市政府主管部门批准，并报国家语委备案。"

繁体字和简化字并不是简单的一对一的关系，特别是有不少一简对多繁的字，如果对繁体字不熟悉或没有较深的汉字功底，随意写繁体字是很容易出问题的。

不写异体字。这里的异体字是指《第一批异体字整理表》中被淘汰的字。表中保留的字可称为正体，正体才是规范的字。自该表1956年正式实施后，成效非常明显，人们基本上不再使用异体字，所以在异体字的问题上不像繁体字那么严重。但是在异形词上有不少问题，即同一个词写作不同的汉字，例如"笔画——笔划""按语——案语"。2001年12月公布的《第一批异形词整理表》，整理了382组异形词。

不写旧字形。新旧字形是以《印刷通用汉字字形表》为依据的。该表所收字形为新字形，是规范字形。在新字形的推行上成效也很显著，问题已不是很多，但我们也应注意防止旧字形回潮。每个人都有责任使用规范的新字形，不写旧字形。

不乱造简化字。简化字运动的形成是历史的必然，国家大规模地搞简化字是顺应了历史的发展，其成绩是主要的，值得肯定的。但不可否认，过去很长一段时期也过分夸大了简化字的某些好处，以至于某些人走进了乱造、滥造简化字的误区，以为字的笔画越少越好，违反汉字的结构规律，忽视文字的社会性和稳定性，随意简化汉字。为了纠正这种混乱现象，1986 年经国务院批准，《第二次汉字简化方案(草案)》正式废止。同时有关部门也强调，“今后对汉字的简化应持谨慎态度，使汉字的形体在一个时期内保持相对稳定，以便于社会应用。”1986 年 6 月 24 日，国务院在批转国家语委《关于废止(第二次汉字简化方案(草案)和纠正社会用字混乱现象的请示》中还指出："当前社会上滥用繁体字，乱造简化字，随便写错别字，这种用字混乱现象，应引起高度重视。国务院责成国家语言文字工作委员会尽快会同有关部门研究、制订各方面用字管理办法，逐步消除社会用字混乱的不正常现象。”

不写错别字。错别字是写的不成字的字形。指随意增减汉字笔画，写错笔形或偏旁部件，弄错字形结构，从而造成错字。

写错别字，除了乱造简化字是有意为之外，其他情况的错别字则大都是由于对汉字书写重视不够造成的。学习和书写汉字态度不认真，马虎从事，认为写字是个人的小事，从而写错用错，这是主观原因。从客观原因看，则是由于汉字笔画多变，部件多，结构繁．字的形音义关系复杂，记忆不准造成的。

错别字的存在，妨碍人们准确地表达思想，影响社会交际。特别是别字，很可能使人们误解，轻则成为笑话，重则造成麻烦或损失。因为汉字是以形论义的，字形写错，意义全变。

四、如何避免写错字

写错字往往是由于汉字笔画多变，部件繁多，所以避免写错字也就要注意这些方面。

1. 辨清笔画

笔画是汉字的书写单位，是构成汉字字形的各种点和线。笔画又分基本笔画和派生笔画。汉字字形就是由这些不同的笔画构成的。每个汉字的笔画都有一定，不可随意增减笔画，也不能改变笔画，否则就成了错字。每个字有多少笔画，由哪些笔画构成，书写规范如何，这是写汉字时都要注意的，否则就会写错。

2. 辨清部件

部件是汉字构形的基本单位。汉字数量虽多，但构成汉字的部件不多，熟练掌握这些部件，对避免写错字大有帮助。有些部件形体相似，很容易混淆。所以，应结合部件的意义（多数部件是有意义的）辨清形似部件，再与所构字的字义或字音联系起来看，应该是哪一个部件，这样才能避免写错。

3. 注意结构

部件和部件的组合有一定的结构模式，一般有左右、上下、内外三种主要的结构，每一种主要结构又包括几种不同的结构。部件组成汉字，位置一般是固定的，如果部件的结构位置变了，就成了别的字了。

4. 注意前后字偏旁的影响

汉语的词多是两个字的，特别是语素义相近的并列式词语，前后字的偏旁易互相影响，结果写错。此外，也不能乱造简化字。乱造简化字其实也是写了错字。

5. 辨清同音（近音）字

汉字是形音义的统一体。但形音义之间的关系非常复杂。从理论上来说，一形一音一义最好，但实际上做不到。汉语的音节有限，而意义无限，于是就有很多同音现象，这就表现为同音字。再加上汉字数量多，难免有字形相近的。辨清同音（近音）字，辨清形近或音形皆近字，是防止写别字的一个有效办法。

因为读音相同或相近而把字写错，即该用甲字而写了乙字，这种现象是很常见的。要防止这种同音别字，就要注意汉字形义之间的关系。汉字的形义之间往往有直接的联系，同音宁可以靠形别义。汉字中大部分是形声字，形旁具有揭示词义特点，显示词义类别的作用。

6. 辨清形近字

对于有些字形相近的字，即使读音不同，也很容易写错。如果音同形近，就更容易写错了。因此就要一方面注意字形，弄清形和音义的关系。一方面注意读音，有些形声字的声旁可以有效地给以提示。必须弄清字形和字义的关系，才不至于写错。

对于纯粹由于字形相近致错的，就要搞清字形结构和谈音。

注意汉字的方式方法，找到一定的规律，同时要注意那些容易写错的字，多加注意和理解含义就会避免错字的发生。纠正这些错字对我们来说都有责任，因此我们是义不容辞的对错字加以纠正，促进社会不断进步发展，同时保存我们五千年的文化。

参考文献

[1] 许慎 . 说文解字 [M]. 北京中华书局，1963 年版
[2] 段玉裁 . 说文解字注 [M]. 上海古籍出版社，1981 年版
[3] 陆宗达 . 说文解字通论 [M]. 北京出版社，1981 年版
[4] 王宁、邹院丽 . 汉字应用通则 [M]. 春风文艺出版社，1999 年版
[5] 王宁 . 汉字构形学讲座 [J]. 上海教育出版社，2002 年版
[6] 邹晓丽 . 基础汉字形义释源 [M]. 北京出版社，1990 年版
[7] 邹院丽 . 古汉语入门 [M]. 语文出版社，1993 年版
[8] 裘锡圭 . 文字学概要 [M]. 商务印书馆，1988 年版
[9] 唐兰 . 中国文字学 [M]. 上海古籍出版社，1979 年版
[10] 庄子 .《庄子 · 渔父篇》[M]. 上海古籍出版社，2015 年版
[11] 郑玄 . 郑氏周易注 [M]. 中华书局，1985 年版

[12] 孔安国．尚书传 [M]. 中华书局，2011 年版
[13] 甄驾．数术记遗 [M]. 中国财政经济出版社，2007 年版
[14] 班固．汉书 · 艺文志 [M]. 上海古籍出版社，2009 年版
[15] 杨伯峻．春秋左传注 [M]. 中华书局，1981 年版
[16] 畲田．中国国家地理 [M]. 北方妇女儿童出版社，2009 年版
[17]《妇女词典》编写组．妇女词典 [M]. 求实出版社，1990 年版，第 357 页
[18] 金燕玉．文学风景．凤凰出版社 [M]. 2011 年版，第 462 页
[19] 乌丙安．萨满信仰研究 [M]. 长春出版社，2014 年版，第 147 页
[20] 汪玢玲．鬼狐风情：《聊斋志异》与民俗文化 [M]. 黑龙江人民出版社，2003 年版
[21] 黄勇．奇异植物大自然的无穷奥秘 [M]. 广西美术出版社，2013 年版，第 22 页
[22] 邢秀凤．中国历史神话传说 [M]. 中国文联出版社，2003 年版，第 452 页
[23] 小涂．世界经典魔怪传奇 [M]. 新世界出版社，2006 年版，第 116 页
[24] 黄靖．宝卷民俗 [M]. 古吴轩出版社，2013 年版，第 361 页
[25] 李远国．三元集 [M]. 四川大学出版社，2014 年版，第 18 页
[26] 殷伟．福：中国传统的福文化 [M]. 福建人民出版社，2014 年版，第 133 页
[27] 朱瀛泉．国际关系评论（第 8 卷）[M]. 南京大学出版社，2015 年版，第 254 页
[28] 王丽．道教与岭南俗信关系研究 A Study on the relationship between daoism and customs belief in Lingnan[M]. 社会科学文献

出版社，2015 年版，第 231 页
[29] 葛壮 . 宗教与中国社会述论 [M]. 上海人民出版社，2015 年版，第 323 页
[30] 吴乃恭 . 船山理论范畴 [M]. 吉林人民出版社，2002 年版，第 84 页
[31] 刘青顺 . 字海寻趣 [M]. 太白文艺出版社，2013 年版，第 160 页
[32] 孙云鹤、高明芬 . 近义字辨析 [M]. 四川人民出版社，1981 年版，第 69 页
[33] 白寿彝总主编 . 徐善辰，斯维至，杨钊主编 . 中国通史，第三卷上古时代上册 [M]. 上海人民出版社，1999 年版
[34] 王耀海 . 商鞅变法研究 [M]. 社会科学文献出版社，2014 年版
[35] 王静 . 民间文化的慈风孝行 [M]. 宁波出版社，2013 年版
[36] 林大雄 . 传统中国商人的文化洞察 [M]. 海天出版社，1993 年版
[37] 丁义诚 . 常用字音 • 形 • 义 • 用（第二分册）[M]. 国防工业出版社，1998 年版
[38] 杨伯峻 . 论语译注 [M]. 中华书局，1981 年版
[39] 晋 • 吕忱 . 字林 [M]. 中国文史出版社 ,2012 年版
[40] 申小洁 . 说文解字酉部字研究 [D]. 天津师范大学硕士论文，2013 年 6 月版
[41] 叶昌元 . 字理——汉字部件通解 [M]. 东方出版社，2008 年版
[42] 惠富平 . 中国传统农业生态文化 [M]. 中国农业科学技术出版社，2014 年版

[43] 朱正昌 . 饮食——齐鲁特色文化丛书 [M]. 山东友谊出版社，2004 年版
[44] 李行健 . 音近字辨误 100 例 (常用字词句辨误小丛书) [M]. 广东人民出版社，2009 年版
[45] 唐建 . 概念符号的历史来源和系统 [J]. 中国语文，1994 年第 5 期
[46] 刘志基 / 鹏宇 . 字辨百题 [M]. 上海画报出版社，2009 年版
[47] 李土生 . 土生说字 [M]. 中央文献出版社，2009 年版
[48] 刘志强 . 舌尖上的饮食文化图文全彩 [M]. 外文出版社，2013 年版
[49] 金燕玉 . 文学风景 [M]. 凤凰出版社，2011 年版
[50] 乌丙安 . 萨满信仰研究 [M]. 长春出版社，2014 年版
[51] 汪玢玲 . 鬼狐风情 :《聊斋志异》与民俗文化 [M]，黑龙江人民出版社，2003 年版
[52] 邢秀凤 . 中国历史神话传说 [M]. 中国文联出版社，2003 年版
[53] 小涂 . 世界经典魔怪传奇 [M]. 新世界出版社，2006 年版
[54] 刘青顺 . 字海寻趣 [M]. 太白文艺出版社，2013 年版
[55] 孙云鹤 高明芬 . 近义字辨析 [M]. 四川人民出版社，1981 年版
[56] 朱立春 .500 个冷门知识 [M]. 中国华侨出版社，2014 年版
[57] 卜玉平 . 现代汉语 [M]. 南京大学出版社，2009 年版
[58] 耿亮 . 输入法视角的网络错别字研究 [D]. 上海师大硕士学位论文，2010 年版
[59] 邓章应主编 . 学行堂语言文字论丛第 1 辑 [C]. 四川大学出版社，2011 年版